The 배틀
베트남어
표현사전

The 베트
베트남어 표현사전

초판인쇄	2019년 12월 6일
지 은 이	판 위엔(Phan Nguyen Ngoc Truc)
펴 낸 이	임승빈
편집책임	정유항, 최지인
편집진행	이승연
디 자 인	다원기획
마 케 팅	염경용, 이동민, 임원영
펴 낸 곳	ECK북스
주 소	서울시 구로구 디지털로 32가길 16, 401 [08393]
대표전화	02-733-9950
팩 스	02-723-7876
홈페이지	www.eckbooks.kr
이 메 일	eck@eckedu.com
등록번호	제 25100 - 2005 - 000042호
등록일자	2000. 2. 15
I S B N	978-89-92281-90-4
정 가	15,000원

이 도서의 국립중앙도서관 출판예정도서목록(CIP)은 서지정보유통지원시스템 홈페이지(http://seoji.nl.go.kr)와 국가자료공동목록시스템 (http://www.nl.go.kr/kolisnet)에서 이용하실 수 있습니다. (CIP제어번호 : CIP2019045703)

The 바른
베트남어
표현사전

• 판 위엔(Phan Nguyen Ngoc Truc) 지음

Books

이 책의 구성과 특징

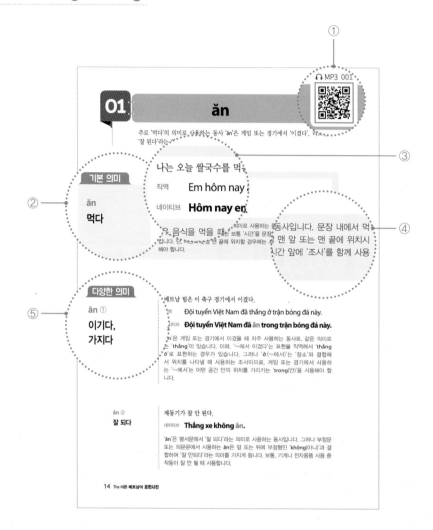

PART 1 : 특정한 의미를 가진 단어

사용 빈도가 높은 어휘적 단어를 품사별로 구분하고 상황에 따라서 다르게 해석되는 단어별 복수 의미를 다양한 예문과 함께 알아봅니다.

PART 2 : 문법 기능을 가진 단어

베트남어의 문법적 기능을 가진 단어인 시제부터 조사 역할을 하는 단어 등 문장의 뜻을 규정해 주는 단어들의 특징을 알아봅니다.

PART 3 : 합성어 및 동음이의어

다양한 성격을 가진 합성어와 발음이 같지만, 품사 또는 의미가 전혀 다른 동음이의어를 알아봅니다.

PART 4 : 원어민처럼 말하기

결합한 구성 요소의 의미 대신 새로운 뜻으로 변하는 합성어와 사전에 없는 SNS 신조어를 알아봅니다.

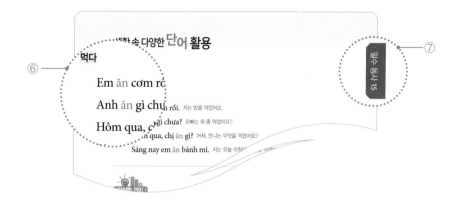

생활 속 다양한 **단어** 활용

⑥

먹다

Em ăn cơm rồ

Anh ăn gì chư rồi. 저는 밥을 먹었어요.

Hôm qua, c gì chưa? 오빠는 뭐 좀 먹었어요?

n qua, chị ăn gì? 어제 언니는 무엇을 먹었어요?

Sáng nay em ăn bánh mì. 저는 오늘 아침에 빵을 먹었어요

필수 동사 15 ⑦

---

① QR 코드 : 스마트폰으로 **QR** 코드를 찍어서 정확한 발음을 들어 보세요.

② 기본 의미 : 단어의 기본적인 뜻을 확인합니다.

③ 예문 : 단어에 대한 네이티브 예문과 직역 및 오역된 예문을 비교해서 자연
스러운 표현을 학습합니다.

④ 단어 해설 : 단어의 특성과 품사 및 문법 사항, 주의 사항을 이해하기 쉽게 풀어
학습합니다.

⑤ 다양한 의미 : 기본 의미 외에 상황별로 다르게 해석되는 다양한 의미들을 예문과
함께 살펴봅니다.

⑥ 단어 활용 : 생활 속에서 다양하게 활용되는 예문과 유용한 **Tip**을 확인해 보세요.

⑦ 라벨 : 단어들을 빠르게 찾아보세요.

  MP3 다운로드 방법

본 교재의 MP3 파일은 www.eckbooks.kr에서 무료로 다운로드 받을 수 있습니다.
QR 코드를 찍으면 다운로드 페이지로 이동합니다.

Contents

//

이 책의 구성과 특징 ·· 4

지은이의 말 ··· 9

PART 1
특정한 의미를 가진 단어

Bài 1 놓치지 말아야 할 필수 동사 15 ························· 13

ăn	chơi	đặt	đi
đổi	dùng	gọi	kiểm tra
làm	mất	mở	nằm
nhớ	sống	tắt	

Bài 2 형용사의 기본 활용 15 ······························ 55

béo	cao	chật	chán
đẹp	khỏe	lạnh	nặng
ngon	nhanh	nhẹ	nóng
rộng	tốt	xấu	

Bài 3 의문 부사 ··· 87

ai	bao nhiêu	bao lâu	bao xa
đâu	gì	hôm nào	khi nào
mấy	nào	tại sao	thế nào

Bài 4 정도 부사 ··· 107

cực kỳ	hơi	khá	lắm
quá	rất		

Bài 5 빈도 부사 ··· 115

thường	lâu lâu	thỉnh thoảng	hiếm khi
đôi khi	lúc nào cũng	luôn luôn	hầu như không
không bao giờ			

Bài 6   접속 부사 ——————————————————— 127

Cho nên   Hơn nữa   Mặt khác   Ngoài ra
Nhưng mà   Tại vì   Tóm lại

Bài 7   전치사 역할을 하는 단어 ———————————— 137

cạnh   dưới   giữa   ngoài
sau   trên   trong   trước

Bài 8   단위 명사 ——————————————————— 153

bó   buổi   cái   cây
con   cuốn   đôi   phần
quả   tờ

PART 2
문법 기능을 가진 단어

Bài 9   시제를 나타내는 단어 ————————————— 171

đã   rồi   chưa   đang
sắp   sẽ

Bài 10 조사 역할을 하는 단어 ———————————— 179

bằng   của   cũng   chỉ
với   ở

Bài 11 문장의 뜻을 규정해 주는 단어 ——————— 189

à   chưa   đi   nào
nhé   nhỉ

Bài 12 보조 용언 역할을 하는 단어 ——————— 199

đừng   không phải   không   muốn
nên   phải

PART 3
합성어 및 동음이의어

Bài 13 한결같은 단어 ·· 211

ăn mặc   ăn nói   đi lại   đi về
nấu ăn   uống thuốc

Bài 14 의미 중복 합성어 ··································· 219

dơ bẩn   hình ảnh   hôi thối   la mắng
lau chùi   tìm kiếm

Bài 15 헷갈리면 안 되는 동음이의어 ······· 227

bị   được   chắc   hay
vừa

PART 4
원어민처럼 말하기

Bài 16 새로운 뜻으로 변하는 합성어 ········ 243

buồn ngủ   cứng đầu   có mặt   dễ chịu
khó chịu   tốt bụng   xem mắt

Bài 17 사전에 없는 신조어 ························· 255

anh hùng bàn phím   cạn lời   bó tay
ế   gấu   ghê   mặn
sống ảo   thánh

외국어 학습은 크게 '어휘·문법·발음 학습'으로 나눌 수 있습니다. 그중에서 어휘는 외국어 학습에서 가장 기본적이며, 매우 중요한 비중을 차지하고 있습니다. 어휘를 모르면 문법을 잘 알고 있어도 잘못된 해석 또는 해석 자체가 되지 않는 경우가 많기 때문입니다. 어휘의 다양성에 대해서 예를 들면, 한 단어에는 여러 의미를 가지고 다양한 품사와 결합하며 용법에 따라서 의미 자체가 변하는 '다의어'의 개념을 가진 단어도 있고, 단어와 단어가 결합하여 새로운 의미로 표현되는 단어도 있습니다. 그러므로 어휘 학습은 양보다 질이 더 중요합니다.

『The 바른 베트남어 표현사전』은 베트남어 초급 단계에서 알아야 할 필수 동사, 형용사, 부사 등을 모아서 이들의 기본 의미를 비롯해 베트남 현지인들이 실제로 활용하는 다양한 의미, 용법, 직역과 오역 등을 자세히 설명했습니다. 그 외에 최근 베트남에서 많이 사용하고 있는 '사전에 없는 유행어와 신조어'도 함께 수록해 놓았습니다. 베트남어를 학습할 때 처음부터 수많은 단어를 외울 필요는 없습니다. 사용 빈도가 높은 단어만을 정리하여 그 단어가 가진 다양한 의미를 집중적으로 학습한다면, 베트남어의 학습 속도가 높아질 뿐만 아니라 현지인들이 사용하는 자연스러운 베트남어를 구사하게 될 것입니다. 그것이 『The 바른 베트남어 표현사전』의 목표이자 의의입니다.
이 교재가 베트남어를 학습하는 여러분께 유용한 학습서가 되기를 바랍니다.

끝으로, 출간 기회를 주신 ECK교육 임승빈 대표님과 교재 진행에 많은 도움을 주신 이승연 실장님께 진심으로 감사의 인사를 전합니다.

저자 **판 위엔**

Bài 1 놓치지 말아야 할 필수 동사 15

Bài 2 형용사의 기본 활용 15

Bài 3 의문 부사

Bài 4 정도 부사

Bài 5 빈도 부사

Bài 6 접속 부사

Bài 7 전치사 역할을 하는 단어

Bài 8 단위 명사

PART

1

특정한 의미를
가진 **단어**

언어학에서 단어는 크게 '어휘적 단어'와 '문법적 단어'로 나누어져 있습니다. 한국어의 경우, '명사, 관형사, 동사, 형용사' 등은 어휘적 단어에 해당하고 '조사, 어미'는 문법적 단어에 해당합니다. 조사와 어미는 어휘에 붙어 함께 사용하는 특징이 있습니다. 하지만, 베트남어에서는 어휘적 단어든 문법적 단어든 음절마다 띄어쓰기 때문에 그 단어의 뜻과 어순을 모르면 해석이 어려우며 잘못 해석하는 경우도 많습니다. 베트남어에서 많이 사용하는 어휘적 단어를 품사별로 학습하고 학습한 단어 중, 품사는 같지만, 상황에 따라서 다르게 해석되는 단어들을 알아보세요.

일상생활에서 가장 많이 사용하는 기본 동사 중, 사용 빈도 순으로 다양한 의미를 가진 동사를 나열했습니다. 의미별 예문들과 함께 필수 동사를 학습해 보세요.

놓치지 말아야 할
필수 동사 15

📖 단어 미리 보기 •

1.	ăn	6.	dùng	11.	mở
2.	chơi	7.	gọi	12.	nằm
3.	đặt	8.	kiểm tra	13.	nhớ
4.	đi	9.	làm	14.	sống
5.	đổi	10.	mất	15.	tắt

ăn

주로 '먹다'의 의미로 사용하는 동사 'ăn'은 게임 또는 경기에서 '이겼다', 리모컨이 '잘 된다'라는 의미로도 사용합니다.

기본 의미

ăn
먹다

나는 오늘 쌀국수를 먹는다.

직역　　Em hôm nay ăn phở.

네이티브　**Hôm nay em ăn phở.**

'ăn'은 음식을 먹을 때 '먹다'라는 의미로 사용하는 동사입니다. 문장 내에서 먹는 시간을 함께 나타낼 경우에는 보통 '시간'을 문장 맨 앞 또는 맨 끝에 위치시킵니다. 단, 시간이 문장 맨 끝에 위치할 경우에는 시간 앞에 '조사'를 함께 사용해야 합니다.

다양한 의미

ăn ①
이기다,
가지다

베트남 팀은 이 축구 경기에서 이겼다.

직역　　Đội tuyển Việt Nam đã thắng ở trận bóng đá này.

네이티브　**Đội tuyển Việt Nam đã ăn trong trận bóng đá này.**

'ăn'은 게임 또는 경기에서 이겼을 때 자주 사용하는 동사로, 같은 의미로는 'thắng'이 있습니다. 이때, '~에서 이겼다'는 표현을 직역해서 'thắng ở'로 표현하는 경우가 있습니다. 그러나 'ở(~에서)'는 '장소'와 결합해서 위치를 나타낼 때 사용하는 조사이므로, 게임 또는 경기에서 사용하는 '~에서'는 어떤 공간 안의 위치를 가리키는 'trong(안)'을 사용해야 합니다.

ăn ②
잘 되다

제동기가 잘 안 된다.

네이티브　**Thắng xe không ăn.**

'ăn'은 평서문에서 '잘 되다'라는 의미로 사용하는 동사입니다. 그러나 부정문 또는 의문문에서 사용하는 ăn은 앞 또는 뒤에 부정형인 'không(아니)'과 결합하여 '잘 안되다'라는 의미를 가지게 됩니다. 보통, 기계나 전자용품 사용 중 작동이 잘 안 될 때 사용합니다.

생활 속 다양한 **단어** 활용

먹다

Em ăn cơm rồi. 저는 밥을 먹었어요.

Anh ăn gì chưa? 오빠는 뭐 좀 먹었어요?

Hôm qua, chị ăn gì? 어제, 언니는 무엇을 먹었어요?

Sáng nay em ăn bánh mì. 저는 오늘 아침에 반미를 먹었어요.

이기다, 가지다 ①

Trận đấu hôm qua ai ăn? 어제 경기는 누가 이겼나요?

Việt Nam ăn Thái Lan 4:0. 베트남(팀)은 태국(팀)을 4:0으로 이겼어요.

Tôi đánh bài ăn 100 nghìn. 나는 카드놀이로 이겨서 10만 (동)을 가져갔다.

Hôm qua em chơi game ăn được 50 nghìn.

어제 저는 게임에 이겨서 5만 (동)을 가졌어요.

잘 되다 ②

Keo này ăn quá nhỉ. 이 풀(테이프)은 잘 되네. [평서문]

Nút này không ăn. 이 버튼은 잘 안 돼요. [부정문]

Cục sạc điện thoại không ăn. 핸드폰 충전기가 잘 안 돼요. [부정문]

Điều khiển Tivi ăn không? 텔레비전 리모컨은 잘 돼요? [의문문]

ăn (ảnh) ③

(사진발)

좋다

그녀는 사진발이 아주 좋다.

네이티브 **Cô ấy rất ăn ảnh.**

'ăn ảnh'은 사진을 찍어서 예쁘게 나왔을 때 '사진이 잘 나왔다'는 의미로 사용하는 표현입니다. 이때, ăn ảnh만을 직역하면 '사진을 먹다'라는 해석이 되므로, 문맥을 잘 파악하며 해석해야 합니다. '사진(ảnh)'과 '좋다(tốt)'를 각각 직역해서 표현하지 않도록 주의해야 합니다.

* 대체어 : ăn hình

ăn (phấn) ④

(화장)

잘 먹다

오늘은 화장이 잘 먹는다.

직역 Hôm nay trang điểm ăn.

네이티브 **Hôm nay mặt ăn phấn.**

'화장이 잘 먹다'를 '화장(trang điểm)'과 '먹다(ăn)'로 각각 직역해서 사용하는 경우도 있지만, 'phấn(가루, 파우더)'이 화장품을 의미하는 표현이므로 '화장이 들뜨지 않고 잘 붙어 있다'라는 의미로 'ăn phấn'을 사용하는 것이 더 정확합니다. 보통, '얼굴(mặt)'이나 '피부(da)'와 같은 단어가 ăn phấn 앞에 위치합니다.

잠깐만요!

1. 'ăn'이 부정적인 의미로만 사용되는 경우

ăn chặn 부당이익을 얻어먹다

ăn tham 욕심이 많아 남의 것까지 먹다

ăn đấm 펀치를 먹다

ăn bám 남에게 의존해서 살거나 얻어먹다

2. 문장 안에 'ăn'이 있지만, '먹다'라는 의미가 전혀 없는 경우

ăn xin = ăn mày 거지

ăn trộm 도둑, 도둑질하다

ăn diện 외모에 신경을 쓰며 옷을 예쁘게 차려입다

ăn cướp 날치기

ăn hại 아무것도 못하고 폐만 끼치다

ăn tát 뺨을 맞다

생활 속 다양한 단어 활용

· 다양한 의미 ·

(사진발) 좋다 ③

Em ấy rất ăn ảnh. 그 동생은 사진발이 아주 좋다.

Bạn ấy ăn ảnh nhỉ. 그 친구는 사진발이 좋네요.

Anh không ăn ảnh. 오빠는 사진발이 좋지 않다.

Chị có ăn ảnh không? 언니는 사진발이 좋아요?

(화장) 잘 먹다 ④

Cô ấy rất ăn phấn. 그 여자는 화장이 아주 잘 먹어요.

Da em cũng ăn phấn. 제 피부도 화장이 잘 먹어요.

Mặt em không ăn phấn. 제 얼굴은 화장이 잘 안 먹어요.

Dạo này, mặt ăn phấn lắm. 요즘, 화장이 아주 잘 먹어요.

chơi

주로 '놀다'의 의미로 사용하는 동사 'chơi'는 게임이나 스포츠를 '한다'라는 의미로
도 사용합니다.

기본 의미

chơi
놀다

나는 오늘 저녁에 놀러 갈 것이다.

직역   Em tối nay sẽ đi chơi.

네이티브   **Tối nay, em sẽ đi chơi.**

'chơi'는 독립적으로 쓰는 것보다 'đi'와 결합해서 사용하는 경우가 더 많습니다.
놀러 가는 장소를 같이 표현할 때는 「đi+장소+chơi」 구조를 사용합니다. 또한
문장 내에서 시간 및 시기를 나타낼 경우에는 문장 앞에 '시간'을 위치시키는 것
이 좋습니다.

다양한 의미

chơi (game) ①
(게임)
하다

그 동생은 게임(하는 것)을 아주 좋아한다.

직역   Em ấy rất thích game.

네이티브   **Em ấy rất thích chơi game.**

'chơi'는 '~을 좋아하다'라는 표현을 할 때, chơi 앞에 'thích(좋아하다)'과 다
른 동사를 결합해서 함께 사용합니다. 그러므로 '게임을 좋아한다'라는 의미를
전달할 때는 '게임하는 것을 좋아한다'라고 표현해야 합니다. 이때, 해석에서
'chơi(하다)'는 생략이 가능합니다.

---

chơi (thể thao) ②
(스포츠)
하다

나는 스포츠를 자주 한다.

네이티브   **Tôi thường chơi thể thao.**

'(스포츠)를 하다'라고 표현할 때는 chơi 뒤에 'thể thao(스포츠)' 대신 구체적
인 '스포츠 명칭'을 넣어서 사용할 수 있습니다. 이때, 해석에서 'chơi(하다)'는
생략이 가능합니다. 단, 'bơi(수영하다)'는 동사이므로, 명사로 활용할 수 없기
때문에 chơi와 결합할 수 없습니다.

생활 속 다양한 단어 활용

· 기본 의미 ·

놀다

Tôi sẽ đi Việt Nam chơi. 나는 베트남에 놀러 갈 거예요.

Chị đang chơi với em gái. 언니는 여동생이랑 놀고 있어요.

Hôm nay em không đi chơi. 저는 오늘 놀러 가지 않아요.

Hôm qua em có đi chơi không? 너는 어제 놀러 갔었니?

· 다양한 의미 ·

(게임) **하다** ①

Tôi đang chơi game. 나는 게임을 하고 있어요.

Em không chơi game. 저는 게임을 안 해요.

Anh thích chơi game này. 오빠는 이 게임(하는 것)을 좋아해요.

Chị có chơi game không? 언니는 게임을 하나요?

(스포츠) **하다** ②

Anh thích chơi bóng rổ. 오빠는 농구하는 것을 좋아해요.

Em không thích chơi thể thao. 저는 스포츠 하는 것을 안 좋아해요.

Chị có chơi tennis không? 누나는 테니스를 치나요?

Anh có chơi bóng đá không? 형은 축구를 하나요?

03 đặt

 ∩ MP3 003

주로 '놓다'의 의미로 사용하는 동사 'đặt'은 음식이나 물건을 '주문하다', 이름을 '짓다'라는 의미로도 사용합니다.

기본 의미

đặt
놓다

그것을 여기에 놓으세요.

네이티브 **Đặt cái đó ở đây đi.**

어떤 물건이 '놓일 위치'를 말할 때는 「đặt+위치」의 구조로 표현하며, '놓일 물건'을 말할 때는 「đặt+물건+위치」의 구조를 사용합니다. 또한, đặt과 같이 사용하는 전치사는 'ở, trên, lên, xuống'이 있으며, 위치에 따라서 적합한 전치사를 선택하여 사용할 수 있습니다.

다양한 의미

đặt ①
주문하다

나는 방금 베트남어책 한 권을 주문했다.

네이티브 **Em mới đặt 1 quyển sách tiếng Việt.**

'đặt' 뒤에 주문할 물건을 위치시키면, '~을 주문하다'라는 의미로 표현할 수 있습니다. 예문에서 'mới'라는 단어는 '방금' 또는 '조금 전'이라는 의미를 가지므로, 문장에 과거시제를 나타내주는 단어가 없더라도 과거시제로 해석합니다.

đặt ②
(이름)
짓다

그녀는 아이에게 준영이라는 이름을 지어줬다.

직역 **Cô ấy đặt tên cho con là Junyoung.**

네이티브 **Cô ấy đặt tên con là Junyoung.**

'đặt' 뒤에 'tên(이름)'이 위치하면 '이름을 짓다'라는 의미로 표현할 수 있습니다. 그러므로, '(대상)에게 이름을 (이름 명)으로 짓다'라고 말할 때는 「đặt tên cho+대상+là+이름」의 구조를 사용합니다. 여기서 'cho'는 '~에게/한테'라는 뜻으로 베트남 현지에서는 보통 생략하는 경우가 많습니다.

생활 속 다양한 단어 활용

기본 의미

놓다

Đặt tay lên đây đi. 손을 여기에 놓으세요.

Cái này đặt ở đâu? 이것을 어디에 놓을까요?

Em đã đặt cuốn sách trên bàn. 책상 위에 책을 놓았어요.

Anh đặt chậu hoa xuống đất đi. 화분을 바닥에 내려놓으세요.

다양한 의미

주문하다 ①

Anh đặt sách chưa? 오빠는 책을 주문했나요?

Chị đặt sách này ở đâu? 언니는 이 책을 어디에서 주문했어요?

Em muốn đặt cái áo này. 저는 이 옷을 주문하고 싶어요.

Em sẽ đặt từ điển tiếng Việt. 저는 베트남어 사전을 주문할 거예요.

> **Tip** 식당에서 음식을 주문하기 위해 '주문할게요.'라고 말할 때는 'đặt' 대신 'gọi'를 사용해서 'Cho em gọi món.'이라고 합니다. 그러므로 '주문하다'의 모든 표현에 **đặt**이 적용되지 않도록 문맥을 잘 파악해서 사용해야 합니다.

(이름) 짓다 ②

Mẹ đặt tên cho tôi. 엄마가 나에게 이름을 지어 주셨어요.

Cô sẽ đặt tên sách là gì? 선생님은 책 이름을 무엇으로 지으실 거예요?

Tôi định đặt tên công ty là NT. 나는 회사 이름을 NT로 지으려고 해요.

Em đã đặt tên cho con mèo là Mimi. 저는 고양이 이름을 미미로 지었어요.

đi

주로 '가다'의 의미로 사용하는 동사 'đi'는 동음이의어로서 품사에 따라서 완전히 다른 의미로 해석되는 복잡한 동사 중 하나입니다.

기본 의미

đi
가다

나는 학교에 간다.

오역   Em đi trường.

네이티브 **Em đi học.**

'đi'는 어떤 장소에 갈 때, '가다'의 뜻으로 사용하는 동사지만, '장소'를 가리키는 모든 명사와 결합할 수 없다는 특징이 있습니다. 그러므로 장소와 바로 결합하지 않고 그 장소에 가는 목적을 나타내는 동사와 결합해서 사용해야 합니다.

다양한 의미

đi ①
(교통수단)
타다

오늘은 택시를 탈 것이다.

오역   Hôm nay em sẽ cõi taxi.

네이티브 **Hôm nay em sẽ đi taxi.**

'đi'는 '~을 타다'라는 표현에 사용하는 동사입니다. '타다'와 같은 의미로 'cõi'가 있으나 cõi는 '말, 소'와 같이 '(동물)을 타다'라고 말할 때 사용하므로, 교통수단을 말할 때는 đi를 사용해야 합니다.

đi ②
죽다

그녀는 어제 죽었다.

직역   Cô ấy mới chết hôm qua.

네이티브 **Cô ấy mới đi hôm qua.**

'죽다'의 뜻을 가진 대표어는 'chết'입니다. 그러나 완곡하게 말해야 할 경우, chết 대신 'đi'를 사용합니다. 이때 đi는 '가다'라는 의미로 사용하는 문장 구조와 같기 때문에 문맥을 잘 파악해서 해석해야 합니다. 또한 '죽다'의 의미로 사용할 경우, '완곡어(국어 순화)'로 간주하여 과거시제로 사용합니다.

생활 속 다양한 **단어** 활용

· 기본 의미 ·

가다

Em đang **đi** học. 저는 학교에 가고 있어요.

Tôi đang **đi** đến công ty. 나는 회사에 가고 있어요.

Chị ấy **đi** chợ rồi. 그 언니는 시장에 갔어요.

Tuần sau tôi **đi** Việt Nam. 나는 다음 주에 베트남에 갈 거예요.

> **Tip**
> 'đi'와 결합할 수 있는 명사(장소)는 많지 않습니다. '학교에 가다'를 '공부하러 가다'
> 로 바꿔서 사용하는 것처럼 đi 뒤에 동사가 오는 것이 더 일반적입니다. '장소'와 결
> 합하려면 đi와 장소 사이에 'đến'을 넣어야 합니다.

· 다양한 의미 ·

(교통수단) 타다 ①

Em đang **đi** xe. 저는 (오토바이) 타고 있어요.

Tôi sẽ **đi** máy bay. 나는 비행기를 탈 거예요.

Hôm nay anh **đi** xe buýt. 나는 오늘 버스를 타요.

Anh ấy hay **đi** tàu điện ngầm. 그 오빠는 지하철을 자주 타요.

죽다 ②

Anh ấy đã **đi** rồi. 그는 죽었어요.

Bà ấy vừa **đi** rồi. 그 할머니는 조금 전에 돌아가셨어요.

Nó đã **đi** hôm qua. 그 아이는 어제 떠났어.

Có lẽ ông ấy sắp **đi** rồi. 그 할아버지는 곧 떠나실 것 같아요.

đổi

주로 '바꾸다'의 의미로 사용하는 동사 'đổi'는 무엇을, 어디에서 바꾸는지에 따라서 '변경하다, 교환하다, 환전하다'라는 의미로도 사용합니다.

기본 의미

đổi
바꾸다

그녀는 헤어스타일을 바꿨다.

네이티브 **Cô ấy đã đổi kiểu tóc.**

'đổi'는 기존에 가졌던 물건이나 상태를 다른 것으로 바꾼다는 의미를 가집니다. 보통, '머리 스타일'이나 '옷' 등을 바꿀 때 đổi를 많이 사용합니다.

다양한 의미

đổi ①
교환하다

구매한 상품은 교환할 수 없다.

직역 Hàng đã mua không thể đổi.

네이티브 **Hàng mua rồi, không thể đổi.**

쇼핑할 때 '교환하다'의 표현을 쓸 때도 'đổi'를 사용합니다. '구매한 상품'을 직역하면, 'hàng đã mua'라고 표현할 수 있지만, 베트남 현지에서는 'hàng mua rồi'라고 합니다. 'hàng mua rồi'는 문법과 맞지 않지만, '구매한 상품'을 지칭할 때 자주 사용합니다.

đổi ②
환전하다

나는 환전하고 싶습니다.

네이티브 **Tôi muốn đổi tiền.**

'đổi'는 기존에 있었던 것을 다른 것으로 바꾼다는 의미에서 '교환하다'와 동일한 의미를 가지지만, 다른 형식을 가진 것으로 전환한다는 의미로도 사용할 수 있습니다. 특히, '돈(tiền)'과 결합할 경우에는 '환전하다'라는 의미로 표현할 수 있습니다.

생활 속 다양한 단어 활용

• 기본 의미 •

바꾸다

Tôi muốn đổi chỗ. 자리를 바꾸고 싶어요.

Em đã đổi kế hoạch. 저는 계획을 바꿨어요.

Cho tôi đổi sang cái khác. 다른 것으로 바꿔 주세요.

Anh sẽ đổi tiếng Hàn sang tiếng Việt. 나는 한국어를 베트남어로 바꿀게.

• 다양한 의미 •

교환하다 ①

Áo này không thể đổi. 이 옷은 교환이 불가능합니다.

Cho em đổi sang cái khác. 다른 것으로 교환해 주세요.

Tôi muốn đổi cái lớn hơn. 더 큰 것으로 교환하고 싶어요.

Có thể đổi hàng trong vòng 7 ngày. 7일 이내에 상품을 교환할 수 있습니다.

>
> '의견을 교환하다'라고 할 때는 'đổi'라고 하지 않고 'trao đổi'라고 합니다.
> 예 Trao đổi ý kiến với đồng nghiệp. 동료와 의견을 교환하다.

환전하다 ②

Tôi muốn đổi tiền đô. 달러를 환전하고 싶어요.

Em đã đổi tiền Việt Nam. 저는 베트남 돈으로 환전했어요.

Chị đổi tiền chưa? 언니는 환전했어요?

Anh muốn đổi tiền gì? 무슨 돈으로 환전하고 싶으세요?

dùng

주로 '쓰다'의 의미로 사용하는 동사 'dùng'은 약을 '복용하다', 진지를 '드시다'라는
의미로도 사용합니다.

기본 의미

dùng
쓰다

> 나는 컴퓨터를 쓰고 있다.
>
> 네이티브 **Em đang dùng máy tính.**

'dùng'은 뒤에 먹을 수 없는 물건이 위치할 경우, '쓰다'라는 의미로 해석하며,
'sử dụng(사용하다)' 대신으로 베트남 현지에서 많이 사용하는 동사입니다.

다양한 의미

dùng ①
복용하다

> 우리 엄마는 보약을 복용하고 있다.
>
> 네이티브 **Mẹ tôi đang dùng thuốc bổ.**

'dùng'은 뒤에 '약(thuốc)' 또는 약과 관련된 단어가 위치할 경우, '복용하다'
라는 의미를 가집니다. 문장 내에서 특별한 계획에 대한 내용 없이 dùng만
사용하는 경우에는 상대가 이미 약을 복용하고 있다는 것을 알고 있는 상태를
의미합니다.

dùng ②
드시다

> 할아버지 진지 드세요.
>
> 직역 Mời ông ăn cơm.
>
> 네이티브 **Mời ông dùng cơm.**

'먹다'의 표현으로 보통 'ăn'을 많이 사용합니다. 그러나 윗사람 또는 존경을
나타내는 경우에는 ăn 대신 「dùng+음식」의 구조로 표현합니다. 베트남어는
한국어와 같은 존댓말이 없습니다. 그러나 대체해서 사용할 수 있는 단어들이
존재하므로 상황에 따라서 주의하며 사용해야 합니다.

생활 속 다양한 활용

 기본 의미

쓰다

Tôi không dùng Facebook. 나는 페이스북을 안 써요.

Em không dùng tiếng Hàn. 저는 한국말을 안 써요.

Cô ấy thường dùng mỹ phẩm. 그 여자는 화장품을 자주 써요.

Chị có dùng máy tính không? 언니는 컴퓨터를 쓰나요?

> **Tip** 남쪽에서는 'dùng' 대신 'xài'라는 표현도 자주 사용합니다.
> 예 Em không xài Kakaotalk. 저는 카카오톡을 안 써요.

 다양한 의미

복용하다 ①

Bà ấy đang dùng thuốc. 그 할머니는 약을 복용하고 있어요.

Chị ấy có dùng thuốc không? 저 언니는 약을 복용하나요?

Tôi không dùng thuốc giảm cân. 나는 다이어트약을 복용하지 않아요.

Em đang dùng thuốc viêm dạ dày. 저는 위염약을 복용하고 있어요.

드시다 ②

Anh dùng gì ạ? (형) 뭐 드실래요?

Mời chị dùng trà. (누나) 차 드세요.

Ông đang dùng cơm. 할아버지는 진지 드시고 계세요.

Giám đốc dùng cà phê. 사장님은 커피를 드세요.

gọi

주로 '부르다'의 의미로 사용하는 동사 'gọi'는 전화를 '걸다', 음식을 '시키다'라는 의미로도 사용합니다.

기본 의미

gọi
부르다

네가 나를 불렀니?

네이티브 **Em gọi anh à?**

'gọi'는 누군가를 부르거나 말로써 어떤 명칭을 부를 때 '부르다'라는 의미로 사용하는 동사입니다. 예문의 경우, 'Em gọi anh à?'라고 할 때 기본 의미인 '부르다'를 적용시켜 '네가 나를 불렀니?'라고 해석하지만, 상황에 따라서 '네가 나에게 전화했니?'라는 해석이 되기도 합니다. gọi는 상황에 따라서 다양하게 해석할 수 있으므로 문맥과 상황을 잘 파악해야 합니다.

다양한 의미

gọi ①
(전화)
걸다, 하다

내가 그에게 전화를 걸었다.

네이티브 **Tôi đã gọi điện thoại cho anh ấy.**

다른 사람에게 전화하는 행위를 나타낼 때, '걸다'라는 의미로 'gọi điện thoại'라고 하며, 'gọi điện' 또는 'gọi'로 줄여서 사용하기도 합니다. gọi 뒤에 전화 거는 대상이 올 경우에는 'cho(에게/한테)'와 그 대상이 같이 나옵니다. 또한, 상황에 따라서 '통화하다'라는 뜻으로도 해석할 수 있습니다.

gọi ②
(음식)
시키다

우리가 이 음식을 시킬까요?

네이티브 **Chúng ta gọi món này nhé?**

식당이나 음식점에서 음식을 주문할 때, '시키다'라는 의미로 'gọi'를 사용합니다. 한국에서 음식을 주문할 때 사용하는 '주문할게요'라는 의미와 같습니다. 보통, gọi 뒤에 '음식(món)' 또는 '음식 이름'이 위치합니다.

생활 속 다양한 단어 활용

 기본 의미

부르다

Mẹ đang gọi em. 엄마가 나를 부르고 있어요.

Cô ấy gọi anh kìa. 그녀가 오빠를 부르는 거예요.

Gọi Minho vào đây. 민호를 여기로 불러요.

Cái này tiếng Việt gọi là gì? 이것을 베트남 말로 뭐라고 하나요?

> **Tip**
> 'gọi'를 'là'와 결합시키면 '~라고 하다'라는 의미로 사용할 수 있습니다.
> 예 Cái này gọi là 'bánh mì'. 이것을 '반미'라고 한다.

 다양한 의미

(전화) 걸다, 하다 ①

Ngày mai tôi sẽ gọi lại. 내일 다시 전화를 할게요.

Khách hàng mới gọi cho chị. 고객이 방금 언니한테 전화를 했어요.

Em sẽ gọi điện thoại cho anh. 제가 오빠한테 전화를 할게요.

Anh ấy đã gọi điện thoại chưa? 그가 전화를 했나요?

(음식) 시키다 ②

Chị ơi! Cho em gọi món. 누나! 주문할게요.

Anh muốn gọi món gì ạ? 무슨 음식을 시키고 싶으세요?

Chúng ta gọi 2 món này nhé! 우리가 이 2가지 음식을 시키자!

Tôi muốn gọi 1 phần bún chả. 분짜 1인분을 시키고 싶습니다.

kiểm tra

주로 '검진하다/받다'의 의미로 사용하는 동사 'kiểm tra'는 베트남어를 '테스트하다', 이메일을 '확인하다'라는 의미로도 사용합니다.

기본 의미

kiểm tra
(건강)
**검진하다,
검진받다**

내일, 나는 건강 검진을 받을 것이다.

직역 　Ngày mai, tôi sẽ nhận kiểm tra sức khỏe.

네이티브 **Ngày mai, tôi sẽ kiểm tra sức khỏe.**

'kiểm tra'는 어떤 물건이나 상태를 알아볼 때 '검진하다/받다'의 뜻으로 사용하며, '건강'을 의미하는 'sức khỏe'와 결합할 경우, '건강 검진'이라는 의미가 됩니다. 베트남에서는 '검진하다'와 '검진받다'를 따로 구분하지 않으므로, 문맥을 잘 파악하며 해석해야 합니다.

다양한 의미

kiểm tra ①
테스트하다

오늘은 15분 테스트/퀴즈를 할 것입니다.

네이티브 **Hôm nay chúng ta sẽ kiểm tra 15 phút.**

'kiểm tra'는 학교 또는 회사 등에서 '10분, 15분' 정도의 간단한 능력 검사 개념의 시험을 보거나 퀴즈를 낼 때 사용합니다. 또는 어떤 상품의 성능을 확인할 때, '테스트하다'라는 의미로 사용합니다.

kiểm tra ②
(이메일)
확인하다

이메일을 확인했습니까?

오역 　Anh xác nhận e-mail chưa?

네이티브 **Anh kiểm tra e-mail chưa?**

'확인하다'의 사전상 번역은 'xác nhận'입니다. 그러나 xác nhận은 어떤 내용을 '확인하고 넘어간다'의 의미로만 사용하기 때문에 메일을 확인할 때의 의미로 사용할 때는 'kiểm tra'라고 표현해야 합니다.

생활 속 다양한 단어 활용

(건강) **검진하다, 검진받다**

Em sẽ đi kiểm tra máu. 저는 피 검진을 받으러 갈 거예요.

Chị phải kiểm tra định kỳ. 언니는 정기 검진을 받아야 해요.

Mẹ phải đi kiểm tra sức khỏe. 엄마는 건강 검진을 받으러 가야 해요.

Bác sĩ đang kiểm tra sức khỏe cho ông ấy.

의사가 그 할아버지에게 건강 검진을 하고 있어요.

테스트하다 ①

Tuần sau nó sẽ kiểm tra Toán. 저 아이는 다음 주에 수학 테스트를 할 거예요.

Anh kiểm tra tiếng Việt chưa? 오빠는 베트남어 테스트를 했어요?

Công ty đã kiểm tra sản phẩm này. 회사는 이 상품을 테스트했어요.

Ngày mai em phải kiểm tra tiếng Anh. 저는 내일 영어 시험을 봐야 해요.

(이메일) **확인하다 ②**

Em đang kiểm tra e-mail. 이메일을 확인하고 있어요.

Chị chưa kiểm tra tin nhắn. 언니는 아직 메시지를 확인하지 않았어요.

Giám đốc kiểm tra thư chưa? 사장님이 편지를 확인하셨나요?

Anh ấy đã kiểm tra hồ sơ chưa? 그는 서류를 확인했어요?

kiểm tra ③
검품하다

회사는 검품했다.

네이티브 **Công ty đã kiểm tra hàng.**

어떤 상품이나 제품의 '품질 상태, 불량 여부'를 확인할 때 '검품하다'라는 의미로 'kiểm tra'를 사용하며, 뒤에 '상품, 제품, 물건' 등의 단어가 위치합니다.

kiểm tra ④
검사하다

너는 시력 검사를 받았니?

직역 Em đã kiểm tra thị lực chưa?

네이티브 **Em đã kiểm tra mắt chưa?**

어떤 상태나 성질, 품질을 검사할 때, '검사하다'라는 의미로 'kiểm tra'를 사용합니다. '시력 검사'라는 말을 직역하면 'kiểm tra thị lực'이 되지만, 베트남 현지에서는 'kiểm tra mắt(눈 검사)'이라고 표현합니다. 또한, kiểm tra mắt 대신 'khám mắt'이라는 표현도 많이 사용합니다.

예 Em đã kiểm tra mắt chưa? = Em đã khám mắt chưa?

잠깐만요!

현재 베트남에서는 'kiểm tra'를 '검진하다'와 '테스트하다'라는 의미로만 사용하고 있습니다. 그 외에 kiểm tra가 가지고 있는 다양한 의미의 표현들은 주로 영어인 'check'를 사용해서 표현합니다. 특히, 20~30대 또는 비즈니스 분야에서 활동하는 사람들은 kiểm tra 대신 영어인 check를 사용하는 사람이 많습니다.

그러나 이메일이나 문서 등 공적인 내용의 경우에는 베트남어로 된 표현만을 사용하므로 공문서 등을 작성할 때 실수하지 않도록 주의해야 합니다.

예 Anh check mail chưa? 형은 메일을 체크했나요?
Chị check hàng rồi, không có vấn đề. 언니가 상품을 체크했는데, 문제없어요.

생활 속 다양한 단어 활용

· 다양한 의미 ·

검품하다 ③

Chị phải kiểm tra hàng kỹ. 언니는 검품을 잘해야 해요.

Anh đã kiểm tra sản phẩm chưa? 형은 (상품) 검품했어요?

Trưởng phòng đang kiểm tra hàng. 실장님이 검품하고 있어요.

Hôm nay, em phải kiểm tra hàng mới.

오늘, 저는 신상을 검품해야 해요.

> **Tip** 'kiểm tra' 뒤에 'hàng(물품)'이 위치할 경우에는 'kiểm hàng'으로 줄여서 표현할
> 수 있습니다.
> 📖 Anh ấy đang kiểm hàng. 그는 검품하고 있어요.

검사하다 ④

Anh ấy đang kiểm tra xe. 그는 차를 검사하고 있어요.

Chị đang kiểm tra gì thế? 언니는 무엇을 검사하고 있어요?

Kiểm tra máy trước khi sản xuất. 생산하기 전에 기계를 검사해요.

Tôi đã kiểm tra chất lượng sản phẩm.

나는 상품의 품질 검사를 했어요.

làm

주로 '(일)하다'의 의미로 사용하는 동사 'làm'은 음식을 '만들다', 보고서를 '작성하다'라는 의미로도 사용합니다.

기본 의미

làm
(일)
하다

> 나는 일하고 있다.
>
> 네이티브 **Tôi đang làm việc.**

'làm'은 '~을 작업하다'라는 의미로 어떤 일을 가리키는 말과 결합해서 사용하는 경우가 많습니다. '일하다'라는 표현을 나타내고 싶을 때는 'làm việc'이라는 표현을 사용하지만, 실제로는 làm만 사용하는 경우도 많습니다.

다양한 의미

làm ①
만들다

엄마가 음식을 만들고 계신다.

직역   Mẹ đang làm món ăn.

네이티브 **Mẹ đang làm đồ ăn.**

'làm'이 '요리, 음식' 또는 '도구, 가구' 등과 결합하는 경우에는 '만들다'라는 의미로 표현할 수 있습니다. 주로 '음식'은 'món ăn'으로 표현하지만, 그 앞에 làm이 위치할 경우에는 'thức ăn' 또는 'đồ ăn'으로 바꿔서 사용해야 합니다.

làm ②
작성하다

나는 보고서를 작성해야 한다.

직역   Tôi phải soạn thảo báo cáo.

네이티브 **Tôi phải làm báo cáo.**

'작성하다'라는 의미는 경우에 따라서 'soạn thảo'로 표현하기도 하지만, 보고서 등과 같은 문서와 결합할 경우에는 'làm' 동사를 사용합니다.

생활 속 다양한 단어 활용

 · 기본 의미 ·

(일) 하다

Em đang làm gì? 너는 무엇을 하고 있니?

Em đang làm việc nhà. 나는 집안일을 하고 있어요.

Mẹ đã làm tóc ở tiệm này. 엄마는 이 미용실에서 머리를 했어.

Cô ấy làm part-time vào cuối tuần. 그녀는 주말에 파트타임 일을 해요.

 · 다양한 의미 ·

만들다 ①

Bố đã làm cái ghế này. 아버지는 이 의자를 만드셨어요.

Chị ấy làm Tteokbukki rất ngon. 그 언니는 떡볶이를 아주 맛있게 만들어요.

Hôm nay em sẽ làm bánh. 오늘 나는 빵을 만들 거예요.

Tôi thích mỹ phẩm làm từ thành phần thiên nhiên.

나는 천연 성분으로 만들어진 화장품을 좋아해요.

작성하다 ②

Anh đã làm hồ sơ chưa? 형은 서류를 작성했나요?

Em đang làm bản khảo sát. 나는 설문조사를 작성하고 있어요.

Thu đang làm hợp đồng với khách. 투 씨는 손님과 계약서를 작성하고 있어요.

Chị muốn làm bằng PPT hay PDF?

언니는 PPT로 작성하고 싶나요 PDF로 작성하고 싶나요?

làm ③

(글/시)

쓰다

그녀는 글 쓰는 것을 좋아한다.

오역 　Cô ấy thích viết chữ.

네이티브 **Cô ấy thích làm văn.**

'글을 쓰다'라는 의미를 직역해서 'viết(쓰다)'과 chữ(글)'로 표현하는 경우가 있습니다. 그러나 이 표현은 잘못된 표현이며, 문학적인 글을 쓸 때는 '문학'을 의미하는 'văn'을 사용하여 'làm văn'으로 표현해야 합니다. 이 표현은 주로 학생들이 사용하며, '문학 숙제를 한다'라는 의미로 해석하기도 합니다.

làm ④

(직업)

으로 일하다

그는 의사로 일합니다. / 그는 의사입니다.

네이티브 **Anh ấy làm bác sĩ.**

직업을 소개할 때는 「주어+là+직업 : 나는 ～이다」와 「주어+làm+직업 : 나는 ～를 직업으로 하다」의 구조로 표현합니다. 서로 구조는 같지만, làm을 사용하는 경우에는 뒤에 '학생, 대학생'이 올 수 없습니다.

•이런 의미도 있어요!

(숙제/시험/테스트) 하다	(생선/고기) 조리하다

- **(숙제/시험/테스트)**
  하다

  Em ấy đang làm bài tập. 　그 동생은 숙제를 하고 있어요.

  Chắc Minho đang làm bài thi. 　아마 민호 씨가 시험을 보는 중인 것 같아요.

  Tôi đã làm kiểm tra tiếng Việt. 　나는 베트남어 테스트를 했어요.

  Tip '시험 보다'는 'thi' 또는 'làm bài thi'라고 표현합니다. thi는 '시험 보다'라는 뜻을 가진 동사로 한 단어만으로도 의미를 나타낼 수 있지만, bài thi는 '시험'이라는 뜻을 가진 명사이므로, 앞에 'làm'을 결합시켜야만 '시험 보다'라는 의미가 됩니다.

- **(생선/고기)**
  조리하다

  Em không biết làm cá. 　저는 생선 조리를 할 줄 몰라요.

  Mẹ đang làm cá trong bếp. 　엄마가 부엌에서 생선을 조리하고 있어요.

  Chị biết làm thịt bò không? 　언니는 소고기 조리를 할 줄 알아요?

생활 속 다양한 단어 활용

• 다양한 의미 •

(글/시) 쓰다 ③

Em đang làm văn. 저는 글을 쓰고 있어요.

Bố em làm thơ hay lắm. 제 아버지는 시를 아주 잘 쓰세요.

Anh ấy nói chuyện như làm thơ.

그는 시를 쓰듯이 말을 한다. (* 말할 때, 글처럼 좋은 표현을 많이 사용한다는 의미)

Cô ấy làm văn hay nhưng nói chuyện không hay.

그녀는 글은 잘 쓰지만, 이야기는 잘 못 한다.

- -

(직업)으로 일하다 ④

Mẹ em làm nội trợ. 제 어머니는 주부입니다.

Tôi làm nhân viên văn phòng. 나는 회사원으로 일해요.

Cô ấy làm giáo viên tiếng Hàn. 그 여자는 한국어 선생님으로 일해요.

Bố tôi làm quản lý nhà hàng. 나의 아버지는 레스토랑 매니저로 일하세요.

 Tip
1. '학생'은 직업으로 보지 않기 때문에, 'làm'과 결합하지 못합니다.
   예 나는 학생입니다.
   Tôi làm học sinh. (✗) → Tôi là học sinh. (○)
2. 베트남에서도 '주부(nội trợ)'는 사회적인 직업군에 속하지 않습니다. 그러나 '주부로서 일하다'라는 의미를 내포하므로 'làm nội trợ'라는 말을 사용할 수 있습니다.

MP3 010

10 mất

주로 '잃다, 잃어버리다'의 의미로 사용하는 동사 'mất'은 시간이 '들다/걸리다', 돈이 '아깝다'라는 의미로도 사용합니다.

기본 의미

mất
잃다

나는 지갑을 잃어버렸다.

직역　Tôi đã mất ví.

네이티브　**Tôi bị mất ví.**

'소유하던 ~을 잃어버렸다'라는 표현은 주로 과거시제를 사용하지만, 베트남어에서는 굳이 과거시제를 나타내는 'đã'를 사용하지 않습니다. 대신 'mất' 앞에 'bị' 또는 'làm'을 넣어서 부정적이고 아쉬운 일이라는 의미로 '잃어버리다'라는 표현으로 사용할 수 있습니다.

다양한 의미

mất ①
(시간/돈)
들다,
아깝다

이 일은 시간이 많이 든다.

직역　Việc này thời gian mất nhiều.

네이티브　**Việc này rất mất thời gian.**

베트남어의 어순대로라면, '시간 많이 걸리다' 또는 '돈이 많이 든다'는 표현에서 주어인 '시간(thời gian)' 또는 '돈(tiền)'이 동사 앞에 위치해야 합니다. 그러나 베트남 현지에서는 '시간/돈이 아깝다'는 의미로 'mất thời gian' 또는 'mất tiền'이라는 표현을 사용하는 것이 일반화되어 있습니다.

mất ②
(시간)
걸리다

여기까지 오토바이로 30분 정도 걸린다.

네이티브　**Đến đây bằng xe máy mất khoảng 30 phút.**

어떤 일을 하거나 이동하는데 걸리는 시간을 표현할 때, '걸리다'라는 의미로 'mất'을 사용합니다. 의문문에서는 mất 뒤에 'bao lâu(얼마나)'가 위치하며, 평서문에서는 '걸리는 시간'이 위치합니다.

생활 속 다양한 단어 활용

· 기본 의미 ·

잃다

Anh ấy bị mất điện thoại. 그 오빠는 핸드폰을 잃어버렸어요.

Chị Mai bị mất sách tiếng Việt rồi. 마이 언니는 베트남어책을 잃어버렸어요.

Em bị mất mắt kính nên không thấy rõ. 저는 안경을 잃어버려서 잘 안 보여요.

Anh làm mất sách tiếng Việt rồi nên không học được.

오빠는 베트남어책을 잃어버려서 공부를 할 수 없어요.

· 다양한 의미 ·

(시간/돈) 들다, 아깝다 ①

Tôi mất 200 nghìn mua cái áo này. 이 옷을 사는 데 20만(동)이나 들었어요.

Chuẩn bị đi ra ngoài mất nhiều thời gian quá! 외출 준비는 시간이 많이 들어요!

Hôm nay đi shopping mất hơn 2 triệu đồng.

오늘은 쇼핑하러 갔는데 2백만 동 들었어.

Ở nhà mất thời gian quá! 집에 있는 것은 시간이 아깝다!

(시간) 걸리다 ②

Từ đây đến đó mất 15 phút. 여기에서 거기까지 15분 걸립니다.

Đi taxi chỉ mất 5 phút thôi. 택시로 가면 5분밖에 안 걸려요.

Anh đã mất 1 tiếng để đến đây. 형은 여기에 오느라 1시간이나 걸렸어.

Từ nhà đến trường mất bao lâu? 집에서 학교까지 얼마나 걸리나요?

mất (điện) ③
정전되다

정전으로 인해서 컴퓨터를 사용하지 못했다.

직역   Vì mất điện nên không dùng máy tính được.

네이티브   **Mất điện nên không dùng máy tính được.**

'전기가 나가다' 또는 '정전되다'라는 의미를 표현할 때 'mất'과 'điện(전기)' 을 결합시켜서 사용할 수 있습니다. mất의 기본 의미인 '잃다/잃어버리다'에 서 확장된 것으로 볼 수 있으며, 정전되어 전기를 잃었다는 의미가 있으므로 'vì(왜냐하면)'의 접속사를 넣지 않아도 의미 전달이 자연스럽게 연결됩니다.

mất ④
(죽음)
돌아가시다

할머니는 작년에 돌아가셨다.

네이티브   **Bà đã mất vào năm ngoái.**

할아버지, 할머니 또는 높은 사람 등의 죽음에 대한 표현으로는 'chết(죽다)' 대신 'mất(돌아가시다)'을 사용합니다. mất은 chết의 높임말(또는 공손의 표현, 완곡어)입니다.

mất ⑤
(힘)
빠지다

그는 일을 많이 해서 힘이 빠졌다.

네이티브   **Anh ấy mất sức vì làm việc nhiều.**

힘든 일을 해서 힘이 빠질 때 'mất'을 사용해서 '빠지다'라는 의미로 표현할 수 있습니다. 하지만 이런 경우에는 거의 모든 상황에서 'sức(힘)'이라는 말이 후행되어야 합니다. 'mất sức'은 단일어가 아니지만, 함께 사용해야만 '힘이 빠지다'라는 의미가 됩니다.

생활 속 다양한 단어 활용

 다양한 의미

정전되다 ③

Nhà mất điện rồi. 집이 정전됐어요.

Hàn Quốc rất ít khi mất điện. 한국에서는 아주 가끔만 정전이 돼요.

> **Tip**
> 남쪽(호찌민 시 기준)에서는 '정전되다'의 표현으로 'mất điện' 대신 'cúp điện'이라는 표현을 사용합니다.
> 예 Cúp điện từ 7 giờ đến 10 giờ. 7시부터 10시까지 정전됩니다.

(죽음) 돌아가시다 ④

Ông ấy mất 2 năm trước. 그 할아버지는 2년 전에 돌아가셨어요.

Bố của anh ấy vừa mới mất. 그의 아버지는 얼마 전에 돌아가셨어요.

Người đã mất, không thể sống lại. 돌아가신 분은 다시 부활할 수 없습니다.

Sau khi bà mất, ông buồn đi nhiều.

할머니가 돌아가신 후, 할아버지는 많이 슬퍼지셨습니다.

> **Tip**
> '돌아가다'의 사전적 표현은 'trở về'로 되어있습니다. 그러나 죽음을 완곡해서 말할 때는 'mất'이라고 해야 합니다.

(힘) 빠지다 ⑤

Thức khuya sẽ mất sức. 밤을 새우면 힘이 빠질 거예요.

Em đang bị ốm nên mất sức. 저는 몸이 아파서 힘이 빠졌어요.

Làm việc cả ngày mất sức quá! 하루 종일 일하느라 힘이 많이 빠졌네!

Em mất sức nên không muốn ăn gì. 저는 힘이 빠져서 아무것도 먹고 싶지 않아요.

mở

주로 '열다'의 의미로 사용하는 동사 'mở'는 추상적인 무엇인가를 시작하거나 어떤 장소를 개장한다는 의미로도 확장해서 사용할 수 있습니다.

기본 의미

mở
열다

나는 아까 문을 열었다.

직역   Tôi lúc nãy đã mở cửa.

네이티브   **Lúc nãy tôi đã mở cửa.**

'mở'는 '문, 창문, 뚜껑' 등을 열 때 사용하는 동사입니다. 문이나 어떤 물건이 '열려 있다'라고 할 때도 이 동사만으로 표현할 수 있습니다. 또한, 문장에서 시간을 나타낼 때는 '시간'이 주어 앞(문장 맨 앞)에 나오는 것이 더 자연스럽습니다. 그러므로 'lúc nãy(아까)'가 주어 뒤에 위치하는 것은 어색한 표현입니다.

다양한 의미

mở ①
펴다

책을 펴면 보일 것이다.

직역   Nếu mở sách sẽ thấy.

네이티브   **Mở sách ra sẽ thấy.**

'mở'는 영어의 'open'과 같은 의미입니다. 따라서 영어에서 책이나 노트를 펼 때 open을 사용하듯이 베트남어에서도 mở를 사용해서 '책을 펴다'라는 의미로 사용합니다. 그러나 이런 경우에는 보통 'ra'와 함께 사용하므로 'mở ra' 또는 「mở+명사+ra」의 구조로 표현하는 것이 자연스럽습니다.

mở ②
개업하다,
오픈하다

나는 카페를 개업하고 싶다.

네이티브   **Em muốn mở quán cà phê.**

'mở'는 가게 또는 회사 등을 새롭게 개업했을 때도 사용합니다. 기본 의미인 '열다'의 뜻과 비슷하지만 '문을 열다'와 '개업하다'는 다른 의미입니다. 그러나 베트남어에서는 '열다'와 '오픈하다'를 구분하지 않고 똑같이 'mở'를 사용하므로, 문맥을 잘 파악하며 해석해야 합니다.

생활 속 다양한 **단어** 활용

· 기본 의미 ·

열다

Mở cửa sổ giúp em. 창문 좀 열어 주세요.

Mở cửa phòng để thoáng khí. 환기를 위해 방문을 열어요.

Anh đã mở tủ ra để lấy áo. 나는 옷을 꺼내려고 옷장을 열었다.

Em không thể mở cái nắp này. 저는 이 뚜껑을 열 수 없어요.

· 다양한 의미 ·

펴다 ①

Mọi người mở tập ra. 여러분 노트를 펴세요.

Mở sách ra và đọc trang 24. 책을 펴서 24쪽을 읽으세요.

Chị mở sách của em ra để làm gì? 언니는 무엇을 하려고 내 책을 폈나요?

Tôi đã thấy tấm ảnh này khi mở sổ nhật ký của anh ấy.

내가 그의 일기장을 폈을 때 이 사진을 봤어요.

개업하다, 오픈하다 ②

Ông ấy mở công ty 2 tháng trước. 그 할아버지는 2달 전에 회사를 개업했어요.

Cô Quyên mới mở nhà hàng Việt Nam.

위엔 선생님이 얼마 전에 베트남 식당을 개업했어요.

Tiệm tóc này mới mở. 이 헤어숍은 새로 오픈했어요.

Cửa hàng này mở bao lâu rồi? 이 가게는 오픈한 지 얼마나 됐나요?

mở ③
켜다

누가 텔레비전을 켰니?

직역　　Ai đã mở Tivi?

네이티브　**Ai mở Tivi?**

텔레비전이나 세탁기, 컴퓨터 등과 같은 가전제품을 켤 때, '켜다'라는 의미로 'mở'를 사용합니다. 이 경우에는 해당 기계의 문을 여는 것이 아닌 그 기계를 작동시키는 것을 의미합니다. 문법적으로 과거시제를 나타내는 말을 넣어야 하지만, 베트남 현지에서는 과거시제인 'đã'를 생략하고 사용하는 경우가 더 많습니다.

mở ④
(음악)
틀다

내가 한국 음악을 틀게.

네이티브　**Anh sẽ mở nhạc Hàn Quốc.**

음악이나 음성 파일을 틀거나 다른 사람에게 들려줄 때 'mở'라는 동사를 사용해서 그 행동을 표현할 수 있습니다.

mở ⑤
(박스/봉지)
풀다,
개봉하다

오빠! 박스를 풀어 주세요.

네이티브　**Anh! Mở hộp giúp em.**

포장된 것을 풀거나 개봉할 때도 'mở'를 사용합니다. 특히, '봉투, 박스, 포장된 선물' 등을 풀 때, 또는 묶여 있는 줄을 풀 때도 mở를 자주 사용합니다. 단, 감정적인 문제에서 '화를 풀다'와 같은 경우에는 사용하지 않으므로 주의해야 합니다.

* 베트남 현지에서는 새로운 물건을 사서 개봉할 때는 'mở hộp(박스를 개봉하다)'보다 'đập hộp'이라는 표현을 더 많이 사용합니다. 'đập'은 원래 '치다(망치와 같은 도구로 무엇을 깨는 행위)'의 뜻으로 사용하지만, 이런 경우에는 '새로 산 것(특히 명품이나 비싼 것)을 개봉하다'라는 의미로 사용할 수 있습니다.

예 **Em vừa mới đập hộp iPhone.** 저는 방금 아이폰을 개봉했어요.

생활 속 다양한 단어 활용

 · 다양한 의미 ·

켜다 ③

Mở đèn rồi học! 불을 켜서 공부해!

Mẹ mở máy giặt chưa? 엄마는 세탁기를 켰나요?

Em đã mở máy tính của chị. 저는 언니의 컴퓨터를 켰어요.

Nóng quá nên em đã mở máy lạnh. 너무 더워서 저는 에어컨을 켰어요.

(음악) 틀다 ④

Em muốn mở nhạc Việt Nam. 저는 베트남 음악을 틀고 싶어요.

Quán cà phê đang mở bài hát này. 카페는 이 노래를 틀고 있어요.

Chị thường mở tin tức để nghe khi lái xe.

언니는 운전할 때 뉴스를 틀어서 들어요.

Anh ấy thường mở nhạc cổ điển trước khi ngủ.

그는 자기 전에 클래식 음악을 틀어 놓아요.

(박스/봉지) 풀다, 개봉하다 ⑤

Dùng kéo để mở bao. 가위를 써서 봉지를 푸세요.

Em sẽ mở quà của anh trước. 저는 오빠의 선물을 먼저 풀어 볼게요.

Mở khóa điện thoại giúp em. 핸드폰 보안 키를 풀어 주세요.

Đọc kỹ hướng dẫn trước khi mở hộp. 개봉하기 전에 설명지를 잘 읽으세요.

> **Tip** 영화 개봉의 '개봉하다'는 'mở' 대신 'mở phim(영화/드라마를 켜다)'이라는 표현
> 을 사용합니다.

12

nằm

주로 '눕다'의 의미로 사용하는 동사 'nằm'은 '나라' 또는 '지역'에 관한 위치 표현으로 '~에 있다/위치하다'라는 의미로도 사용합니다.

기본 의미

nằm
눕다,
누워 있다

고양이가 침대 위에 누워 있다.

네이티브 **Con mèo nằm trên giường.**

'nằm'은 어딘가에 눕거나 누워 있는지를 표현할 때 「nằm+위치+장소」의 구조로 주어가 유정물인 문장에서 사용하는 동사입니다. 여기서 '위치'는 'trên(위)', 'dưới(아래)' 등과 같은 전치사가 옵니다. 또한, 누워서 무엇인가를 하는 행동을 나타낼 때는 「nằm+동사(행위)」의 구조로 표현할 수 있습니다.

다양한 의미

nằm ①
있다,
위치하다

베트남은 동남아 지역에 있다.

오역　Việt Nam có ở khu vực Đông Nam Á.

네이티브 **Việt Nam nằm ở khu vực Đông Nam Á.**

'~에 있다'라는 표현을 할 때, 단순히 '있다'라는 의미를 전달하기 위해서 'có'를 사용하는 경우가 많습니다. 그러나 '나라, 지역, 장소' 등의 위치를 말할 때는 '위치하다'의 뜻을 가진 'nằm'을 사용해야 합니다.

생활 속 다양한 단어 활용

 · 기본 의미 ·

눕다, 누워 있다

Ông đang nằm nghỉ. 할아버지께서는 누워서 쉬고 계셔요.

Em bé nằm trên giường. 아기가 침대에 누워 있어요.

Em đang nằm chơi game. 저는 누워서 게임하고 있어요.

Mẹ nằm ngủ trong phòng. 엄마는 방에 누워서 주무세요.

> **Tip** '입원해 있다'라는 표현으로 'nằm viện'이 있습니다. 이 표현은 'nằm ở bệnh viện
> (병원에 누워 있다)'의 줄임말입니다.
> 예) Ông ấy đang nằm viện. 그 할아버지는 입원해 있어요. / 그 할아버지는 병원에 있어요.

 · 다양한 의미 ·

있다, 위치하다 ①

Nhà tôi nằm ở quận 1. 우리 집은 1군에 있어요.

Công ty này nằm ở đâu? 이 회사는 어디에 있어요?

Quyển sách nằm trên bàn. 책은 책상 위에 있어요.

Quán cà phê nằm cạnh hiệu sách. 카페는 서점 옆에 위치해 있어요.

13 : nhớ

주로 '기억하다, 생각나다'의 의미로 사용하는 동사 'nhớ'는 행동하는 것을 '잊지 말라'는 명령어 표현과 베트남을 '그리워하다'라는 의미로도 사용합니다.

기본 의미

nhớ **기억하다, 생각나다**	이곳을 기억해? / 이곳이 생각나? 네이티브 **Em có nhớ chỗ này không?**

'nhớ'는 머릿속에 저장된 정보가 떠오르거나 생각에 대해 '기억하다, 생각하다'의 뜻으로 사용하는 동사입니다. 이때 nhớ 뒤에 '보통명사' 또는 '명사구'가 위치합니다.

다양한 의미

nhớ ① **잊지 말다**	숙제를 잊지 마세요! 직역 Nhớ việc làm bài tập! 네이티브 **Nhớ làm bài tập!**

'nhớ' 뒤에 동사가 위치할 경우, 그 행동하는 것을 잊지 말라는 의미로 한국어에서 '〜해라'와 같은 명령어 역할을 하게 됩니다. 베트남 현지에서는 nhớ 뒤에 명사보다 동사를 더 많이 사용하므로, 「nhớ+숙제하다(làm bài tập)」의 구조로 표현하는 것이 더 자연스럽습니다.

nhớ ② **그리워하다**	나는 베트남을 아주 그리워한다. 네이티브 **Tôi rất nhớ Việt Nam.**

'nhớ'는 '감정'과 관련하여, 어떤 사람이나 어떤 일을 그리워할 때 '그리워하다'의 표현으로 사용하기도 합니다. 이때 nhớ는 영어로는 'miss', 한국어로는 '보고 싶다'로 해석할 수 있습니다. 한국어의 '그립다, 보고 싶다'는 형용사로 분류되지만, nhớ는 동사라는 것에 주의해야 합니다. 그러므로 '그리운 추억, 그리운 장소' 등에는 nhớ를 사용할 수 없습니다.

생활 속 다양한 **단어** 활용

· 기본 의미 ·

기억하다, 생각나다

Anh nhớ chưa? (오빠) 기억해요?

Em nhớ chỗ này rồi. 이곳이 기억났어요(생각났어요).

Tôi không nhớ nhà anh ấy ở đâu. 나는 그의 집이 어딘지 기억하지 못해요.

Em nhớ số điện thoại của Hoa không? 너는 화의 전화번호를 기억해?

· 다양한 의미 ·

잊지 말다 ①

Nhớ ngủ sớm! 일찍 자요! (일찍 자는 것을 잊지 마!)

Nhớ đến đúng giờ! 제때 오세요! (제때 오는 것을 잊지 마!)

Nhớ uống nhiều nước! 물을 많이 마셔요! (물을 많이 마시는 것을 잊지 마!)

> **Tip**
> '잊지 말다'라는 의미로 사용하는 'nhớ'는 문장 앞에 오는 것이 일반적이지만, 상대
> 방을 밝히고 싶을 때는 그 사람을 지칭하는 인칭대명사를 문장 앞에 위치시킵니다.
> 예 Em **nhớ ngủ sớm!** (너) 일찍 자!

그리워하다 ②

Em nhớ anh. 저는 오빠가 보고 싶어요(그리워요).

Tôi rất nhớ mẹ. 나는 엄마가 매우 그리워요.

Anh ấy đang nhớ nhà. 그는 집을 그리워하고 있어요.

Cô Lee rất nhớ Hàn Quốc. 이 선생님은 한국을 아주 그리워해요.

14

sống

주로 '살다, 거주하다'의 의미로 사용하는 동사 'sống'은 '살아 있는' 상태로 잡다, '날것으로 (먹다)'라는 의미로도 사용합니다.

기본 의미

sống
살다

나는 서울에서 산다.

네이티브 **Tôi sống ở Seoul.**

'sống'은 사는 곳을 설명하거나 말할 때 '거주하다'라는 의미로 사용합니다. 그러나 반어법으로 '죽지 않다'라는 의미도 가지고 있으므로 문맥을 잘 파악하며 해석해야 합니다.

다양한 의미

sống ①
살아 있는

도둑놈이 산 채로 잡혔다.

네이티브 **Tên trộm đã bị bắt sống.**

'sống' 앞에 동사 'bắt(잡다)'이 놓이면 '살아 있는 상태로 잡다'라는 의미가 됩니다. 또한 문장의 흐름에 따라서 '구하다'라는 의미를 가지기도 하므로, 문맥을 잘 파악하며 해석해야 합니다.

sống ②
날것으로 (먹다)

나는 날것으로 못 먹는다.

네이티브 **Tôi không ăn sống được.**

생선 등을 '날것으로 먹는다'는 표현을 할 때, 「ăn+명사+sống」의 구조로 표현할 수 있습니다. 예를 들어 'ăn cá sống(생선을 날것으로 먹다)'과 같은 문형을 말합니다. 이때의 'sống'은 동사보다 형용사에 더 가깝습니다.

생활 속 다양한 단어 활용

· 기본 의미 ·

살다

Chị **sống** ở đâu? 언니는 어디에서 살아요?

Tôi **sống** ở Việt Nam. 나는 베트남에서 살아요.

Cô ấy đang **sống** với em gái. 그 여자는 여동생하고 살고 있어요.

Sau này, em muốn **sống** ở Hàn Quốc. 나중에 저는 한국에서 살고 싶어요.

· 다양한 의미 ·

살아 있는 ①

Họ đã cứu **sống** anh ấy. 그들이 그 남자를 구해 주었다.

Con mèo vẫn còn **sống**. 고양이는 아직 살아 있어요.

Cảnh sát đã bắt **sống** tên cướp. 경찰이 강도를 (산 채로) 잡았다.

Chỉ có 1 người **sống** sau vụ tai nạn. 사고가 일어난 후, 오직 한 사람만 살아 있어요.

날것으로 (먹다) ②

Em không thích ăn **sống**. 저는 날것으로 먹는 것을 안 좋아해요.

Em đã ăn gan **sống** ở Hàn Quốc. 저는 한국에서 간을 날것으로 먹어 봤어요.

Người Nhật thường ăn cá **sống**. 일본 사람은 생선을 날것으로 잘 먹어요.

Chị đã bao giờ ăn thịt bò **sống** chưa? 언니는 쇠고기를 날것으로 먹은 적이 있나요?

> **Tip**
> 'rau sống'은 '익지 않은 야채'를 의미하지만, 일반적으로 야채들을 총칭하는 의미
> 를 가지고 있습니다. 예를 들어 '상추, 야채, 샐러드' 등이 있습니다.

15

tắt

주로 '끄다'의 의미로 사용하는 동사 'tắt'은 전화를 '끊다/끄다', 목소리가 '안 나온다'라는 의미로도 사용합니다.

기본 의미

tắt
끄다

요리한 후, 나는 불을 껐다.

직역 Sau khi nấu ăn, tôi đã tắt lửa.

네이티브 **Sau khi nấu ăn, tôi đã tắt bếp.**

'tắt'의 기본 의미는 '끄다'입니다. '전자제품' 또는 '불(火)'을 끌 때 tắt을 사용합니다. 이때, 불을 끄다에서 '불(火)'을 'lửa'로 표현하지만, 베트남 현지에서는 'tắt bếp(가스레인지를 끄다)'이라는 표현을 더 많이 사용합니다.

다양한 의미

tắt ①
(전화)
끊다, 끄다

그는 내 전화를 끊었다.

네이티브 **Anh ấy đã tắt điện thoại của tôi.**

'tắt điện thoại(전화를 끊는다)'는 통화 후, 전화를 끊을 때 사용하는 표현입니다. 이때의 'tắt'은 '끊다'라는 의미로 사용하지만, 경우에 따라서 tắt điện thoại는 '전화기를 끄다'로 해석할 수 있으므로 문맥을 잘 파악해서 해석해야 합니다.

tắt (tiếng) ②
(목소리)
안 나오다

나는 오늘 목소리가 안 나온다.

오역 Hôm nay giọng không ra.

네이티브 **Hôm nay tôi bị tắt tiếng.**

'목소리가 안 나온다'를 표현할 때, '목소리(giọng)'와 '안 나오다(không ra)'를 따로 해석한 후에 결합해서 사용하는 경우가 많습니다. 그러나 이것은 잘못된 표현입니다. 베트남 현지에서는 목이 쉬어서 목소리가 안 나올 때 'tắt tiếng'으로 표현합니다.

* 대체어 : mất tiếng

생활 속 다양한 활용

 · 기본 의미 ·

끄다

Em mới vừa tắt nhạc. 저는 방금 음악을 껐어요.

Anh tắt máy vi tính chưa? 오빠는 컴퓨터를 껐나요?

Trước khi ngủ phải tắt đèn. 자기 전에 불을 꺼야 해요.

> **Tip**
> '전등을 끄다'라는 의미로 사용할 때는, 'tắt đèn'이라고 합니다. 그러나 '불(火)을 끄다'라고 표현할 때는 'tắt bếp'을 사용합니다.

 · 다양한 의미 ·

(전화) 끊다, 끄다 ①

Anh tắt điện thoại đi! 전화를 끊으세요!

Chị ấy đang nói thì tắt điện thoại. 그 언니는 통화하다가 전화를 끊었어요.

Giám đốc đang họp nên tắt điện thoại. 사장님이 회의하고 있어서 전화를 껐어요.

> **Tip**
> 상대와 통화 내용이 끝남을 알려주기 위해, '끊어'라는 말을 할 때는 'tắt'을 사용하지 않으므로 주의해야 합니다.
> 예 Cúp máy đây. 전화 끊을게.

(목소리) 안 나오다 ②

Chị bị tắt tiếng à? 언니는 목소리가 안 나와요?

Em nói nhiều nên bị tắt tiếng. 저는 말을 많이 해서 목소리가 안 나와요.

Anh ấy tắt tiếng nên không hát được. 그 오빠는 목소리가 안 나와서 노래하지 못해요.

> **Tip**
> 'tắt tiếng' 또는 'cảm(감기), ho(기침)' 등과 같이 병이나 증상 앞에 부정 표현의 의미로 'bị'를 자주 사용합니다.

형용사는 언어를 풍부하고 다양하게 표현하기 위한 필수 단어 중 하나입
니다. 명사의 성질 또는 색깔, 모양 등의 특징을 다양하게 표현하기 위해
서 예문과 함께 형용사를 활용한 문장들을 같이 학습해 보세요.

형용사의
기본 활용 15

단어 미리 보기 •

1.	béo	6.	khỏe	11.	nhẹ
2.	cao	7.	lạnh	12.	nóng
3.	chật	8.	nặng	13.	rộng
4.	chán	9.	ngon	14.	tốt
5.	đẹp	10.	nhanh	15.	xấu

01

béo

⌒ MP3 016

주로 '뚱뚱하다'의 의미로 사용하는 형용사 'béo'는 음식이 '기름지다', 요리가 '고소하다'라는 식감에 관한 표현으로도 사용합니다.

기본 의미

béo
뚱뚱하다

요즘 나는 많이 먹어서 살이 좀 쪘다.

직역　　Dạo này em ăn nhiều nên hơi tăng cân.

네이티브　**Dạo này em ăn nhiều nên hơi béo.**

'béo'는 통통하거나 뚱뚱한 체질을 말하는 형용사입니다. '살이 찌다'를 'tăng cân'으로 표현하지만, 베트남 현지에서는 'tăng cân' 대신 'béo'를 더 많이 사용합니다.

* 대체어 : mập

다양한 의미

béo ①
기름지다

이 음식은 너무 기름지다.

직역　　Món này dầu mỡ quá.

네이티브　**Món này béo quá.**

'기름지다'는 표현으로 'dầu mỡ(기름과 지방)'를 사용하는 경우가 있습니다. 그러나 dầu mỡ는 형용사처럼 쓰이는 명사입니다. '기름진 음식'에 대한 식감을 표현할 경우에는 형용사인 'béo'를 사용하는 것이 더 자연스럽습니다. 이때 béo는 보통, 패스트푸드나 중화요리와 같은 인스턴트 음식을 말할 때 자주 사용하며, 부정적인 의미를 가집니다.

béo ②
고소하다

이 요리는 고소한데, 아주 맛있다.

직역　　Món này béo, rất ngon.

네이티브　**Món này có vị béo, rất ngon.**

'béo'는 '치즈, 우유, 국물, 생선, 고기, 과자, 빵'과 같이 지방질 있는 음식에 '고소하다'는 맛 표현으로 많이 사용합니다. 이때 béo는 '기름지다'와 같이 부정적인 의미가 아닌 긍정의 표현으로 좋은 맛을 의미합니다. béo와 'vị(맛)'가 결합하는 경우, '고소한 맛'이란 의미인 명사로 사용할 수 있습니다.

생활 속 다양한 단어 활용

 기본 의미

뚱뚱하다

Em thích người béo. 저는 뚱뚱한 사람을 좋아해요.

Cô ấy phải giảm cân vì quá béo. 그녀는 너무 뚱뚱하기 때문에 다이어트를 해야 해요.

Hình như cô ấy béo lên một chút. 그녀가 조금 살찐 것 같아요.

Anh ăn nhiều đồ ngọt nên hơi béo. 오빠는 단것을 많이 먹어서 조금 뚱뚱해졌어요.

> **Tip**
> 'béo'는 '뚱뚱하다'의 뜻을 가지고 있지만, 뚱뚱함의 정도는 체격 및 나라마다 차이가 있으므로 '살찌다, 통통하다'로 해석하는 경우도 있습니다.
> 예 Bây giờ em béo lên rồi. 60kg rồi. 나는 지금 뚱뚱(통통)해졌어요. 60kg이 됐어요.

 다양한 의미

기름지다 ①

Ham-bơ-gơ béo lắm. 햄버거는 아주 기름져요.

Tôi thường ăn đồ béo. 나는 기름진 음식을 자주 먹어요.

Thức ăn béo không tốt cho sức khỏe. 기름진 음식은 건강에 안 좋아요.

Món này béo quá nên em không thích. 이 음식이 너무 기름져서 저는 안 좋아해요.

고소하다 ②

Bánh này có vị béo. 이 과자는 고소한 맛이 있어요.

Sữa béo rất ngon. 고소한 우유가 아주 맛있어요.

Thịt cá béo và thơm. 생선 살은 고소하고 향이 좋아요.

Nước phở béo và ngọt. 쌀국수 국물은 고소하고 달아요.

02

MP3 017

cao

주로 건물 또는 사물이 '높다'의 의미로 사용하는 형용사 'cao'는 키가 '크다'라는 의미로도 사용합니다.

기본 의미

cao
높다

> 랜드마크는 베트남의 가장 높은 건물이다.
>
> 네이티브 **Landmark là tòa nhà cao nhất Việt Nam.**

'cao'는 사물 또는 형태의 높이를 표현할 때 '높다'는 의미를 가진 형용사입니다. 특히, '건물의 높이'를 말할 때 자주 사용합니다. 또한, '벽, 책자, 신발의 굽' 등과 같이 눈으로 확인할 수 있는 것, '가격, 금액'처럼 가치가 있는 것, '목소리, 전파, 음역, 온도'처럼 눈에 보이지 않지만, 소리로 들리거나 어떤 기계로 측정하는 것에도 사용할 수 있습니다.

다양한 의미

cao ①
(키)
크다

> 그녀는 키가 아주 크다.
>
> 오역 Cô ấy chiều cao rất lớn.
>
> 직역 Chiều cao của cô ấy rất cao.
>
> 네이티브 **Cô ấy rất cao.**

사람의 키에 대한 높낮이를 표현할 때도 '크다'라는 의미로 'cao'를 사용합니다. '키가 크다'라는 표현을 할 때, '키'와 '크다'를 각각 해석해서 'chiều cao'라고 사용하는 경우가 있습니다. 그러나 여기서 cao는 이미 키가 크다는 의미를 가지고 있기 때문에 중복된 뜻을 가지게 되므로 잘못된 표현입니다.

잠깐만요!

'cao'는 명사로서 '농축액, 고약' 또는 '연고'의 뜻을 나타내기도 합니다. 홍삼처럼 걸쭉한 액체를 cao라고 표현하기도 합니다.

예 Bố mẹ anh rất thích cao hồng sâm. 우리 부모님은 홍삼을 아주 좋아하세요.

생활 속 다양한 **단어** 활용

높다

Giọng cô ấy rất cao. 그녀의 목소리는 아주 높아요.

Đôi giày này cao quá. 이 신발은 너무 높아요.

Tiệm này chỉ bán đồ giá cao. 이 가게는 고가의 물건만 팔아요.

Hôm nay nhiệt độ cao nên rất nóng. 오늘은 온도가 높아서 아주 더워요.

Độ ẩm ở đây cao nên tôi thấy hơi khó chịu.

여기는 습도가 높아서 나는 조금 답답해요.

Chúng tôi chỉ bán sản phẩm chất lượng cao.

우리는 고품질의 상품만 판매합니다.

(키) **크다** ①

Em không cao. 저는 키가 크지 않아요.

Anh ấy cao hơn em. 그 오빠는 저보다 키가 더 커요.

Cô ấy có cao không? 그 여자는 키가 큰가요?

Hoa cao khoảng 1m 6. 화 씨는 키가 1.6m 정도 커요.

Em ấy cao nhất trường. 그 동생은 학교에서 키가 가장 커요.

Người Hàn Quốc khá cao. 한국 사람은 키가 꽤 커요.

> **Tip**
> 키가 몇인지 말할 때는 「cao+(정도 부사)+키」의 구조를 사용합니다. 그리고 베트남에서는 몇 cm보다 m 단위를 더 자주 사용합니다.
> 예 Em cao 1m 65. 저는 키가 1m 65(165cm)예요. * m(미터)는 mét이라고 발음합니다.

chật

주로 공간이 '좁다'의 의미로 사용하는 형용사 'chật'은 사이즈가 '작다'라는 의미로도 사용합니다.

기본 의미

chật
좁다

이 방은 조금 좁다. 나는 더 큰 방을 원한다.

네이티브 **Phòng này hơi chật. Em muốn phòng rộng hơn.**

'chật'은 주로 '집, 방, 길' 등과 같은 공간에서 '좁다'라는 의미로 사용합니다. '작다'의 뜻을 가진 'nhỏ'를 사용하기도 하지만, 공간이 좁다는 의미의 부정적인 표현을 나타낼 경우에는 chật을 사용합니다. chật은 화자의 태도에 따라서 일부 긍정의 의미로 표현되는 경우도 있지만, 주로 부정적인 의미로 사용하므로 문맥에 따라서 nhỏ와 잘 구분해서 사용해야 합니다.

* 대체어 : hẹp, chật hẹp (도로, 골목 등의 공간에서 사용 가능)
　　　　　chật chội (집, 방, 가게 등의 공간에서 사용 가능)

다양한 의미

chật ①
(사이즈)
작다

이 옷은 조금 작다.

직역 **Áo này hơi nhỏ.**

네이티브 **Áo này hơi chật.**

'chật'은 옷 또는 신발 등이 착용하는 사람에게 맞지 않을 때 '작다'라는 의미로 사용하기도 합니다. 보통, 사이즈나 크기에 대한 표현으로 'nhỏ(작다)'를 사용하는 경우도 있지만, '옷이 끼다'라는 의미가 더 강한 chật을 사용하는 것이 더 적합합니다.

* 대체어 : nhỏ (남부 지역에서 많이 사용)
　　　　　bé (북부 지역에서 많이 사용)

생활 속 다양한 **단어** 활용

· 기본 의미 ·

좁다

Đường này chật quá. 이 길은 너무 좁아요.

Nhà em rất chật nên em phải học ở ngoài.

우리 집은 아주 좁아서 저는 밖에서 공부해야 해요.

Quán này hơi chật nên không có chỗ ngồi.

이 가게는 조금 좁아서 자리가 없습니다.

Phòng khách hơi chật nhưng phòng ngủ rộng.

거실은 조금 좁지만, 침실은 커요.

· 다양한 의미 ·

(사이즈) **작다** ①

Đôi giày này chật quá. 이 신발은 너무 작아요(맞지 않아요).

Đừng mặc áo quá chật. 너무 작은 옷을 입지 마세요.

Chiếc váy này không chật. 이 치마는 작지 않아요.

Giày của em hơi chật nên đau chân. 제 신발이 조금 작아서 발이 아파요.

Tay áo hơi chật, chị sửa giúp em nhé. 소매가 약간 작은데, 수선 좀 해주세요.

Quần màu đen thì rộng, quần màu nâu thì chật.

검은색 바지는 크고, 갈색 바지는 작아요.

04

chán

주로 '심심하다, 지루하다'의 의미로 사용하는 형용사 'chán'은 영화가 '재미없다', 음식이 '맛이 없다'라는 의미로도 사용합니다.

기본 의미

chán
심심하다,
지루하다

너무 심심해! 놀러 가자.

네이티브 **Chán quá! Đi chơi đi.**

'chán'은 주로 할 일이 없어서 심심하거나 어떤 일을 계속해서 더이상 할 마음이 없고 지루함 또는 권태를 느낄 때 사용합니다.

다양한 의미

chán ①
재미없다

이 영화는 아주 재미없다.

오역   Phim này rất không thú vị.

네이티브 **Phim này rất chán.**

영화, 드라마, 책, 프로그램 등 내용이 별로 없거나 보는 사람의 적성에 맞지 않을 때, '재미없다'는 의미로 'chán'을 사용합니다. 대부분의 학습서에서 '재미있다'를 'thú vị'로, '재미없다'를 'không thú vị'로 표기하고 있습니다. 그러나 이 두 표현은 베트남 현지에서 거의 사용하지 않는 표현이므로, không thú vị 대신 chán을 사용하는 것이 자연스럽습니다.

chán ②
맛없다

이 음식은 맛이 없다.

직역   Món này không ngon.

네이티브 **Món này ăn chán.**

'chán'은 음식과 결합해서 그 음식이 별로 맛이 없다는 의미로 사용하는 표현입니다. '맛없다'의 표현으로 'không ngon'을 사용하는 경우도 있지만, 북쪽 지역에서는 không ngon 대신 chán을 더 많이 사용합니다.

생활 속 다양한 단어 활용

 · 기본 의미 ·

심심하다, 지루하다

Em thấy hơi chán. Mình đi chơi nhé? 저는 조금 심심해요. 우리 놀러 갈까요?

Sống như thế này chán quá. 이렇게 사는 것이 너무 지루해요.

Ngày nào cũng ăn thịt nên hơi chán. 매일 고기를 먹어서 조금 느끼해요.

> **Tip** 음식을 자주 먹어서 더 이상 먹고 싶지 않을 때 'chán'을 사용하는 경우에는 '느끼하다' 또는 '지겹다'라는 의미로 표현할 수 있습니다.

· 다양한 의미 ·

재미없다 ①

Nội dung sách này nơi chán. 이 책의 내용은 조금 재미없어요.

Phim này chán lắm! Chị đừng xem. 이 영화는 아주 재미없어요. 언니 보지 말아요.

Anh ấy đẹp trai nhưng tính tình rất chán. 그는 잘생겼지만, 성격은 아주 재미없어요.

Em đã xem chương trình này rồi, hơi chán.

저는 이 프로그램을 봤는데, 조금 재미없어요.

맛없다 ②

Đồ ăn ở quán này rất chán. 이 집의 음식은 아주 맛이 없어요.

Phở ăn ở Hàn Quốc hơi chán. 한국에서 먹는 쌀국수는 조금 맛이 없어요.

Cà phê này nhạt quá nên hơi chán. 이 커피는 너무 싱거워서 맛이 없어요.

> **Tip** 'chán'은 부정문으로 사용하지 않기 때문에, '맛없다'의 반대 의미인 '맛있다'를 표현하기 위해서 chán 앞에 'không'을 넣을 수 없습니다.

đẹp

주로 '예쁘다, 아름답다'의 의미로 사용하는 형용사 'đẹp'은 날씨 또는 행동이 '좋다' 라는 의미로도 사용합니다.

기본 의미

đẹp
예쁘다,
아름답다

베트남 여자는 아주 예쁘다.

네이티브 **Con gái Việt Nam rất đẹp.**

'đẹp'의 가장 기본적이고 보편적인 의미는 '예쁘다' 또는 '아름답다'입니다. 따라서 '외모, 풍경, 경치' 등에 많이 사용합니다. đẹp과 비슷한 의미로 사용하는 단어 중, 'xinh(예쁘다)'이 있습니다. đẹp이 미인이나 각 대회의 미녀들처럼 외모의 아름다움에 대한 표현으로 사용한다면, xinh은 단순히 보기에 좋은 정도의 표현입니다.

다양한 의미

đẹp ①
(마음/날씨/의미/행동)
좋다

그녀는 마음씨가 좋다.

오역 Cô ấy tâm hồn tốt.

직역 Tâm hồn (của) cô ấy đẹp.

네이티브 **Cô ấy có một tâm hồn đẹp.**

베트남어에는 '좋다'는 의미를 가진 단어들이 많습니다. 그중에서 예문과 같이 '마음씨가 좋다'라고 표현할 때, 단순히 'tốt(좋다)'이라는 단어를 사용하는 경우가 있습니다. 그러나 tốt은 '성격, 품질' 등이 좋을 때 사용하는 단어이므로 잘못된 표현입니다. 또한, 단순히 직역해서 'Tâm hồn (của) cô ấy đẹp.(그녀의 마음씨가 좋다)'으로 표현할 수도 있지만, '그녀는 좋은 마음씨를 가지고 있다'라는 의미로 'tâm hồn đẹp(마음씨가 예쁘다)'으로 바꿔서 표현하는 것이 더 자연스럽습니다.

생활 속 다양한 단어 활용

 · 기본 의미 ·

예쁘다, 아름답다

Màu này đẹp quá! 이 색깔이 너무 예쁘다!

Chị ấy vừa đẹp vừa hiền. 그 언니는 예쁘고 착해요.

Hoa hồng đẹp và thơm. 장미꽃은 예쁘고 향기로워요.

Bạn gái của Minho rất đẹp. 민호 씨의 여자친구는 아주 예뻐요.

Hôm nay chị đi đâu mà đẹp thế? 언니 오늘 어디 가는 데 그렇게 예뻐요?

Phong cảnh mùa thu Hàn Quốc rất đẹp. 한국의 가을 경치가 아주 아름다워요.

 · 다양한 의미 ·

(마음/날씨/의미/행동) **좋다 ①**

Tấm lòng của cô ấy thật đẹp. 그녀는 마음이 참 좋네요.

Thời tiết đẹp quá! 날씨가 너무 좋다!

Trời đẹp và ấm áp. 날씨가 좋고 따뜻해요.

Hôm nay nắng đẹp. Chúng ta đi chơi nhé?

오늘은 날씨가 좋아요. 우리 놀러 갈까요?

Đây là một việc có ý nghĩa đẹp. 이것은 의미가 좋은 일이에요.

Hành động đẹp thì con người cũng đẹp. 행동이 좋으면 사람도 아름답다.

MP3 021

khỏe

주로 '건강하다'의 의미로 사용하는 형용사 'khỏe'는 '힘세다', '잘 지내다'라는 의미로도 사용합니다.

기본 의미

khỏe
건강하다

그 할아버지는 80세이지만 여전히 건강하시다.

네이티브 **Ông ấy 80 tuổi nhưng vẫn khỏe.**

'khỏe'는 병이 없거나 몸이 아프지 않은 건강한 상태를 말하며, 병이 나았거나 쾌차했는지를 물을 때도 사용합니다. 이때, khỏe 앞에 부정 부사인 'không'이 위치할 경우에는 '건강하지 않다. 몸이 아프다'라는 의미로 해석할 수 있습니다.

다양한 의미

khỏe ①
힘세다

그는 10명보다 힘이 세다.

오역 Anh ấy sức mạnh hơn 10 người.

네이티브 **Anh ấy khỏe hơn 10 người.**

'khỏe'는 '건강하다. 평균 기준보다 힘이 세다'라는 의미이며, '힘이 강하다/세다'라는 뜻으로 사용하기도 합니다. 주로 'sức/lực(힘)'과 'mạnh/khỏe(세다)'를 단어별로 결합해서 사용하는 경우가 있습니다. 그러나 'sức khỏe'는 '건강', 'sức mạnh'은 '힘'과 같이 명사의 형태를 가지므로, 따로 분석해서 사용하지 않습니다. 또한, khỏe는 바람의 동작이나 강도를 말하는 경우에는 사용하지 않는 점에 주의해야 합니다.

khỏe ②
잘 지내다

(오빠/형) 요즘 잘 지내고 있나요?

직역 Anh dạo này sống tốt không?

네이티브 **Dạo này anh khỏe không?**

'지내다'의 표현으로 단순히 직역할 경우, 'sống(살다)'을 사용하는 경우가 있습니다. 그러나 'sống tốt(잘 살다)'이라는 표현보다 '잘 지내다'의 의미를 가진 'khỏe'를 사용하는 것이 더 자연스럽습니다. 이때, khỏe는 동사구가 되지만, 베트남어에서의 khỏe는 형용사입니다.

생활 속 다양한 **단어** 활용

기본 의미

건강하다

> Cô ấy không khỏe. 그녀는 건강하지 않아요. / 그녀는 몸이 아파요.
>
> Bố mẹ em vẫn khỏe. 우리 부모님은 여전히 건강하세요.
>
> Chị đã khỏe chưa? 언니는 (병) 나았어요?
>
> Anh ấy khỏe không? 그는 건강해요?

다양한 의미

힘세다 ①

> Cô ấy rất khỏe. 그녀는 힘이 아주 세요.
>
> Anh ấy khỏe như trâu. 그는 물소처럼 힘이 세요.
>
> Đàn ông thường khỏe hơn phụ nữ. 남자는 보통 여자보다 힘이 더 강해요.

> **Tip**
> 1. 'Cô ấy rất khỏe.'는 상황에 따라서 '그녀는 아주 건강해요'라고 해석할 수도 있습니다.
> 2. 'khỏe'는 힘이 강해야 잘할 수 있는 일과 결합해서 부사로 사용하는 경우도 있습니다.
>   예 làm việc khỏe 일이 힘든 줄 모르고 일하다

잘 지내다 ②

> Em khỏe. 저는 잘 지내고 있어요.
>
> Chị ấy vẫn khỏe. 그 언니는 여전히 잘 지내고 있어요.
>
> Anh ấy khỏe không? 그는 잘 지내고 있나요?
>
> Mọi người khỏe không? 여러분 잘 지냈어요?

lạnh

주로 '춥다'의 의미로 사용하는 형용사 'lạnh'은 물이 '차갑다', 성격이 '냉정하다'라는 의미로도 사용합니다.

기본 의미

lạnh
춥다

한국의 겨울은 아주 춥다.

직역 Mùa đông của Hàn Quốc rất lạnh.

네이티브 **Mùa đông Hàn Quốc rất lạnh.**

'lạnh'의 여러 의미 중 가장 많이 사용하는 의미는 '춥다'입니다. 날씨 또는 공간의 온도, 사람이 느끼는 온도가 낮아서 '춥다'라는 표현을 할 때 lạnh을 사용합니다. 예문 중 '한국의 겨울'에서 'của(의)'는 생략하는 것이 더 자연스럽습니다.

다양한 의미

lạnh ①
차다, 차갑다

베트남 사람은 차가운 물을 좋아한다.

오역 Người Việt Nam thích nước mát.

네이티브 **Người Việt Nam thích uống nước lạnh.**

얼음이 들어가거나 냉장고에서 보관되었던 '시원한 물'을 'nước mát'이라고 표현하는 경우가 많습니다. 그러나 베트남에서는 몸속을 시원하게 해주는 일종의 약물로 인식할 수 있으므로 '차가운 물'을 의미하는 'nước lạnh'을 사용해야 합니다. 또한, '좋아하다'와 '시원한 물' 사이에 'uống(마시다)'을 넣으면 더 자연스러운 문장으로 표현할 수 있습니다.

lạnh ②
(성격)
냉정하다,
차갑다

그의 얼굴은 항상 냉정해 보인다.

직역 Mặt của anh ấy trông luôn luôn lạnh.

네이티브 **Mặt anh ấy trông lúc nào cũng lạnh.**

'lạnh'은 사람의 표정이나 성격이 '냉정하다, 차갑다'라는 표현으로 사용하기도 합니다. 예문과 같이 '항상'이라는 의미를 직역해서 'luôn luôn'이라고 표현하는 경우가 많습니다. 그러나 베트남 현지에서는 'lúc nào cũng'이라는 표현을 더 많이 사용합니다.

생활 속 다양한 단어 활용

· 기본 의미 ·

춥다

Em thấy hơi lạnh. 저는 조금 추워요.

Hôm nay lạnh quá! 오늘은 너무 추워!

Phòng này hơi lạnh. 이 방은 조금 추워요.

Việt Nam có lạnh không? 베트남은 추워요?

· 다양한 의미 ·

차다, 차갑다 ①

Chị có bia lạnh không? 차가운(시원한) 맥주 있나요?

Cho em 1 phần mì lạnh. 냉면 1인분 주세요.

Uống nước lạnh nhiều không tốt. 차가운 물을 많이 마시는 것은 안 좋아요.

Trời nóng nên em tắm bằng nước lạnh. 날씨가 더워서 저는 찬물로 샤워해요.

> **Tip**
> '냉면'에서 '냉(冷)'과 같이 '차갑다'는 의미로 'lạnh'을 사용할 수 있습니다. 하지만 음식 이름의 경우에는 고유어 그대로 사용하는 경우도 있으므로 주의해야 합니다.

(성격) 냉정하다, 차갑다 ②

Mặt giám đốc lạnh như tiền. 사장님의 얼굴은 아주 냉정해요.

Ánh mắt của cô ấy rất lạnh. 그녀의 눈매가 매우 차가워요.

Giọng nói của anh ấy lúc nào cũng lạnh. 그의 목소리는 늘 차가워요.

> **Tip**
> 사람의 얼굴이나 표정을 말할 때, 'lạnh như tiền'이라는 표현을 많이 사용합니다. 단순히 '돈처럼 차갑다'로 직역할 수 있지만, '매우 차갑다, 매우 냉정하다'로 이해할 수 있습니다.

nặng

주로 '무겁다'의 의미로 사용하는 형용사 'nặng'은 몸이 '무겁다', 병의 상태가 '심각하다'라는 의미로도 사용합니다.

기본 의미

nặng
무겁다

나는 49kg이다.

직역   Tôi 49 kí.

네이티브   **Tôi nặng 49 kí.**

'nặng'은 체중 또는 무게가 '무겁다'라는 표현을 할 때, 몸무게 앞에 위치하는 형용사입니다. 예문에서 '나는 49kg이다'라는 표현은 '나는 49kg 무겁다'로, '너는 몇 kg이니?'라는 표현은 '너는 몇 kg 무겁니?'라는 표현으로 사용하는 것이 자연스럽습니다. 이때, 'kg'의 단위는 'kí lô' 또는 'kí'로 표현합니다.

다양한 의미

nặng ①
불쾌하다,
무겁다

배가 불쾌해서 밥을 못 먹는다.

직역   Bụng tôi khó chịu nên không ăn cơm được.

네이티브   **Tôi bị nặng bụng nên không ăn cơm được.**

몸의 어떤 부분이 무거운 느낌이 들어서 불쾌할 때도 'nặng'을 사용해서 표현합니다. 특히, 소화가 안 돼서 배에 무거운 느낌이 들었을 때 'nặng bụng'이라는 표현을 자주 사용합니다. '배가 불쾌하다'를 그대로 직역해서 쓰기도 하지만 nặng bụng이 더 자연스러운 표현입니다. nặng은 보통 '눈, 머리, 배'와 결합해서 그 부분에 무엇이 얹혀 있는 듯 무겁고 불쾌하다는 의미가 성립되기 때문입니다.

nặng ②
위중하다,
심각하다

그 할아버지는 위중한 병에 걸렸다.

직역   Ông ấy bị bệnh nghiêm trọng.

네이티브   **Ông ấy bị bệnh nặng.**

몸이 많이 아프거나 병이 위중할 때, '심각하다, 위중하다'의 표현으로 'nặng'을 사용합니다. '위중하다'는 'nghiêm trọng'으로도 표현할 수 있지만, 베트남 현지에서는 nặng을 더 많이 사용합니다.

생활 속 다양한 단어 활용

 · 기본 의미 ·

무겁다

Anh ấy nặng 100 kí. 그는 100kg이에요.

Cái túi xách này nặng quá. 이 가방은 너무 무거워요.

Quyển sách này hơi nặng. 이 책은 조금 무거워요.

Em nặng bao nhiêu kí? 너는 몇 kg이야?

 · 다양한 의미 ·

불쾌하다, 무겁다 ①

Mắt tôi nặng trĩu vì buồn ngủ. 졸려서 내 눈이 아주 무거워요.

Tôi ăn khuya nên bị nặng bụng. 나는 야식을 먹어서 배가 무거웠어요.

Em đang nặng đầu vì vấn đề này. 저는 이 문제 때문에 머리가 무거워요.

> **Tip**
> 'nặng bụng'의 경우, 'bụng nặng'으로 바꿔서 사용할 수 없습니다.

위중하다, 심각하다 ②

Em bị ốm nặng. 저는 몸이 심각하게 아파요.

Chị bị viêm họng nặng. 언니는 심각한 인두염에 걸렸어요.

Bệnh ông ấy có nặng không? 그 할아버지의 병은 심각한가요?

> **Tip**
> '몸이 아프다'는 '몸'과 '아프다'를 분리 해석해서 표현하지 않고 'ốm'이라는 한 단어로 표현합니다. '많이 아프다' 또한 '많이(nhiều)'로 분리 해석하지 않고 'nặng'이라는 한 단어로 표현합니다.
> 예 오역 : Em bị ốm nhiều. (✕)

09

ngon

🎧 MP3 024

주로 '맛있다'의 의미로 사용하는 형용사 'ngon'은 행동 또는 상태가 잘 이루어진다 라는 의미로도 사용합니다.

기본 의미

ngon
맛있다

맛있다! 이 음식은 진짜 맛있다.

오역   Ngon! Món này thật sự ngon.

네이티브   **Ngon quá! Món này ngon thật.**

'맛있다'는 의미로 사용하는 'ngon'은 보통 '음식, 음료'를 파는 가게와 결합해서 사용합니다. 한국어에서 '맛있다'는 감탄사처럼 독립적으로 사용할 수 있지만, ngon은 감탄사로 사용할 수 없습니다. 그러므로 '맛있다!'라는 표현에는 'Ngon quá!'처럼 'quá(매우)'와 같은 부사와 결합해야 합니다.

다양한 의미

ngon ①
잘

잘 잤니?

직역   Em đã ngủ ngon không?

네이티브   **Em ngủ ngon không?**

'ngon'은 '먹는 것, 잠자는 것' 등이 '잘 이루어지는 상태'를 의미하기도 합니다. 이런 경우에는 ngon 앞에 음식이 아닌 '잘 이루어지는 행동'을 가리키는 동사가 위치합니다. '잘 먹었니?, 잘 잤니?'와 같이 이미 발생한 일이라도 베트남어로 표현할 때는 과거시제를 나타내는 단어인 'đã'는 사용하지 않습니다.

생활 속 다양한 단어 활용

 기본 의미

맛있다

Cà phê ngon không? 커피 맛있어요?

Canh ngon nhưng hơi mặn. 국은 맛있지만, 조금 짜요.

Ở gần đây không có món gì ngon cả.

이 근처에 맛있는 음식이 아무것도 없어요.

Đây là quán ăn ngon nổi tiếng ở Hàn Quốc.

여기는 한국에서 유명한 맛집이에요.

> **Tip** '맛집'은 베트남어에서 '맛있는 음식집'으로 분석되어 '**quán ăn ngon**'이라고 합니다.

 다양한 의미

잘 ①

Anh ăn ngon không? 오빠는 잘 먹었어요?

Máy mới nên chạy ngon nhỉ? 새 기계라서 잘 되네요?

Dạo này em ngủ không ngon. 요즘 저는 잠을 잘 못 자요.

Chiếc xe máy đã cũ nhưng vẫn chạy ngon.

오토바이는 오래됐지만, 아직 잘 되네요.

> **Tip** 어떤 행위가 잘 이루어진다는 의미로는 '**ngủ ngon**' 또는 '**ăn ngon**' 외에 다른 표현을 찾기가 어렵습니다. '잘 되다'라는 의미로 보통 '가게나 수단, 도구' 등과 많이 결합합니다.

🎧 MP3 025

nhanh

주로 속도가 '빠르다'의 의미로 사용하는 형용사 'nhanh'은 성격 또는 눈치가 '빠르다'라는 의미로도 사용합니다.

기본 의미

nhanh
빠르다

그의 속도는 아주 빠르다.

네이티브 **Tốc độ của anh ấy rất nhanh.**

'nhanh'은 속도가 '빠르다'라는 의미로 사용하지만, 경우에 따라서 부사로도 사용이 가능합니다. 부사로 사용하는 경우에는 nhanh 앞에 동사가 오며, 형용사로 사용할 경우에는 nhanh 앞에 명사 또는 명사절이 위치합니다.

다양한 의미

nhanh ①
(성격/눈치)
빠르다,
똑똑하다

그 동생은 머리가 아주 좋다. / 그 동생은 두뇌가 아주 빠르다.

직역 **Đầu óc em ấy rất tốt.**

네이티브 **Đầu óc em ấy rất nhanh.**

'nhanh'은 '속도가 빠르다'라는 의미에서 어떤 일을 할 때 머리가 좋아서 '빨리할 수 있거나 눈치가 빠르다'라는 의미로 확장됩니다. '머리가 좋다'에서 '머리'와 '좋다'를 따로 해석하면 각각 'đầu óc'과 'tốt'이 되지만, tốt보다는 'nhanh'이 더 적합한 표현입니다. 이런 의미로 사용하는 nhanh은 '머리, 눈치' 등 '지력'을 지칭하는 말과 잘 결합합니다.

 잠깐만요!

* nhanh nhẹn
  두뇌 회전이 좋아서 행동이나 생각이 빠를 때, '영리하다'라는 의미로 'nhanh nhẹn'이라는 표현을 사용할 수 있습니다.

  예 Cậu bé ấy rất nhanh nhẹn. 그 소녀는 아주 영리하다.

생활 속 다양한 **단어** 활용

· 기본 의미 ·

빠르다

Máy tính này nhanh quá. 이 컴퓨터는 아주 빠르네요.

Thời gian trôi qua nhanh thật. 시간이 참 빠르게 지나가네요.

Cô giáo nói nhanh, em không nghe được.

선생님이 빨리 말해서, 저는 못 알아들었어요.

Nhanh lên! Muộn rồi. 빨리! 늦었어.

Đi nhanh đi! Tàu sắp xuất phát rồi. 빨리 가! 지하철이 곧 출발할 거야.

> **Tip**
> 재촉할 때 말하는 '빨리'는 'nhanh lên'이라고 표현합니다. nhanh lên은 화자도 해당
> 상황에 속해서 '같이 빨리하자'라는 뜻이 내포되어 있습니다.
> 예 Ăn nhanh lên! 빨리 먹어!

· 다양한 의미 ·

(성격/눈치) 빠르다, 똑똑하다 ①

Em trai tôi rất nhanh miệng. 제 동생은 입이 아주 빨라요.

Anh ấy rất nhanh mắt. 그는 눈치가 아주 빠르다.

Chị nó rất nhanh nhưng nó rất chậm.

그 아이의 언니는 (눈치)가 아주 빠른데 그 아이는 아주 느려요.

Cô ấy rất nhanh và chăm chỉ. 그 아가씨는 똑똑하고 부지런해요.

> **Tip**
> 'nhanh miệng'은 'nhanh'과 'miệng(입)'이 결합해서, 응답이 주저 없이 재빠른
> 사람에게 많이 사용하는 표현입니다. 이런 의미로 사용하는 nhanh은 'lanh'으로
> 대체하여 사용하기도 합니다.
> 예 Em trai tôi rất lanh miệng.

11

nhẹ

 MP3 026

주로 무게가 '가볍다'의 의미로 사용하는 형용사 'nhẹ'는 자연 현상 또는 음식의 농도가 '약하다'라는 의미로도 사용합니다.

기본 의미

nhẹ
(무게)
가볍다

이 책은 얇고 가볍다.

네이티브 **Quyển sách này mỏng và nhẹ.**

'nhẹ'는 '가볍다'라는 의미이며, 'nặng'과 반대 의미를 가집니다. 그러나 nặng은 사람의 몸무게를 말할 때 사용하는 반면, nhẹ는 몸무게와 결합해서 사용하지 않습니다. 보통 '물건의 무게'나 어떤 '재질의 가벼움'을 말할 때 사용하며, 사람에게 '가볍다'라는 표현을 할 경우에는 주로 상대방을 업었을 때 느끼는 가벼움에 대한 표현으로 사용할 수 있습니다.

다양한 의미

nhẹ ①
약하다

어제, 이 지역에 약한 지진이 났다.

네이티브 **Hôm qua, ở khu vực này đã xảy ra động đất nhẹ.**

'nhẹ'는 '심하지 않다' 또는 '약하다'는 뜻으로 강도가 약하거나 큰 영향을 주지 않는 의미로 이해할 수 있습니다. 특히, '바람, 비'와 같은 날씨의 현상이나 '지진, 산사태' 등과 같은 자연 현상과 결합할 수 있습니다. 그 외에 '힘이 많이 들지 않은 일/행동'과도 자주 결합합니다.

nhẹ ②
(농도, 음식)
**약하다,
가볍다**

나는 농도가 약한 술만 마실 수 있다.

네이티브 **Tôi chỉ uống được rượu nhẹ.**

'nhẹ'는 '음식, 음료'와 결합해서 '농도가 약하거나 먹어도 배가 많이 부르지 않다'라는 의미로 사용하기도 합니다. 음료의 경우, 농도가 낮은 '소주, 와인, 맥주' 등이 있으며, 음식의 경우에는 '과자, 디저트' 등이 있습니다. 또한, 음료 및 음식 외에 '향수'와 같이 농도를 나타낼 수 있는 경우에도 사용이 가능합니다.

생활 속 다양한 단어 활용

·기본 의미·

(무게) **가볍다**

Sao em nhẹ thế? 너는 왜 그렇게 가벼워?

Chiếc laptop này rất nhẹ. 이 노트북은 아주 가벼워요.

Em muốn mua 1 chiếc túi xách nhẹ. 저는 가벼운 가방 한 개를 사고 싶어요.

·다양한 의미·

약하다 ①

Gió mùa xuân rất nhẹ. 봄바람은 아주 약해요.

Anh ấy bắt tay nhẹ rồi đi. 그는 약한 힘으로 악수를 하고 갔어요.

Gió thổi nhẹ và mưa phùn rơi. 바람이 약하게 불고 부슬비가 내린다.

Đây là một công việc nhẹ. 이것은 힘이 많이 안 드는 일이에요.

> **Tip**
> 'công việc nhẹ'는 '정신노동'을 말하며, '힘이 많이 안 드는/약한/쉬운'이라는 의미를 가지고 있습니다. 반대로 'công việc nặng'은 '육체노동'을 의미합니다.

(농도, 음식) 약하다, 가볍다 ②

Mùi nước hoa này nhẹ và ngọt ngào. 이 향수의 향은 은은하고 달콤하네요.

Đây ra rượu nhẹ, uống nhiều cũng không say.

이것은 농도가 약한 술인데, 많이 마셔도 취하지 않아요.

Chúng ta ăn nhẹ rồi đi nhé. 가벼운 음식을 먹고 가자.

Quán chúng tôi có thức ăn nhẹ như bánh chocolate, soup cua.

우리 음식점은 초콜릿 케이크, 게살 수프와 같은 가벼운 음식이 있습니다.

nóng

주로 '덥다'의 의미로 사용하는 형용사 'nóng'은 '뜨겁다', '분노가 많은'이라는 의미
로도 사용합니다.

기본 의미

| nóng
덥다 | 베트남의 여름은 너무 덥다!
네이티브 **Mùa hè Việt Nam nóng quá!** |

'nóng'의 기본 의미는 '덥다'입니다. 날씨 또는 어떤 공간이 더울 때 이 단어를
사용합니다.

다양한 의미

nóng ①
뜨겁다

나는 뜨거운 커피(마시는 것)를 좋아한다.

직역   Tôi thích cà phê nóng.

네이티브 **Tôi thích uống cà phê nóng.**

'음식, 음료, 물건, 액체' 등의 온도가 높을 때, '뜨겁다'라는 표현으로 'nóng'
을 사용합니다. 베트남에서는 '덥다'와 '뜨겁다'를 별도의 구분 없이 한 단어인
nóng으로 표현합니다. 예문과 같이 '뜨거운 커피를 좋아한다'라는 표현은 동
사 'thích(좋아하다)' 뒤에 동사가 오는 것이 더 자연스럽기 때문에 '뜨거운 커
피 마시는 것을 좋아한다'로 바꿔서 표현합니다.

nóng ②
분노가 많은,
화가 잘나는

그는 분노가 많은 사람이다.

오역   Anh ấy là người nhiều phẫn nộ.

네이티브 **Anh ấy là người nóng tính.**

화가 잘나거나 분노가 많은 사람의 성격을 표현할 때, '화가 잘나는, 분노가
많은'의 의미로 'nóng'을 사용합니다. 이때 '분노(phẫn nộ)'와 '많다(nhiều)'
를 각각 해석해서 'nhiều phẫn nộ(분노가 많은)'라고 표현하는 경우가 있습
니다. 그러나 이 표현은 잘못된 표현입니다. 대신 nóng을 'tính(성격)'과 결
합시켜서 'nóng tính'처럼 하나의 합성 형용사로 쓰거나 'tính'을 주어로,
'nóng'을 형용사로 사용하는 것이 더 적합합니다.

생활 속 다양한 단어 활용

 기본 의미

덥다

Hôm nay trời rất nóng. 오늘은 날씨가 아주 더워요.

Mưa nhưng vẫn nóng. 비가 내리지만 여전히 덥네요.

Trời nóng nên em muốn đi bơi. 날씨가 더워서 저는 수영하러 가고 싶어요.

 다양한 의미

뜨겁다 ①

Thức ăn nóng mới ngon. 음식은 뜨거워야 맛있어요.

Nước nóng lắm! Anh cẩn thận! 물이 아주 뜨거워요! 오빠 조심하세요!

Chị dùng cà phê đá hay cà phê nóng?

언니는 아이스커피 드실래요 뜨거운 커피 드실래요?

 Tip
'따뜻한 커피' 또는 '따뜻한 차'를 말할 경우에는 'ấm(따뜻하다)' 대신 'nóng(뜨겁다)'을 사용합니다.
예 오역 : Chị dùng cà phê đá hay cà phê ấm? (×)

분노가 많은, 화가 잘나는 ②

Bố chị ấy rất nóng tính. 그 언니의 아버지는 분노가 아주 많아요.

Anh ấy nóng lắm. Đừng đụng vào. 그는 분노가 아주 많아요. 건드리지 마세요.

Em đừng nóng! Nghe anh giải thích đã. 화내지 마! 내 설명을 먼저 들어줘.

 Tip
베트남어에서는 자주 형용사와 현재진행시제(đang)를 결합해서 사용하며 자연스러운 표현입니다.
예 Giám đốc đang nóng. Đừng nói gì cả. 사장님은 분노가 있어요. 아무 말도 하지 마요.

13

rộng

주로 어떤 공간의 면적이나 넓이에 대해서 '넓다'의 의미로 사용하는 형용사 'rộng'
은 사이즈가 '크다'라는 의미로도 사용합니다.

기본 의미

rộng
넓다

이 방은 얼마나 넓어요?

오역   Phòng này chiều rộng là bao nhiêu?

네이티브 **Phòng này rộng bao nhiêu?**

대부분의 베트남어 사전에서 '넓이'는 'chiều rộng' 또는 'bề rộng'으로 표기되
어 있습니다. 하지만 이 표현들은 총면적이 아닌 '옆 넓이'만을 의미합니다. 따라
서 어떤 '공간 범위의 크기를 말할 때'는 형용사 'rộng'을 사용하여 'rộng bao
nhiêu?(얼마나 넓으니?)'라고 표현해야 합니다.

다양한 의미

rộng ①
(사이즈)
크다

이 옷은 조금 크다.

네이티브 **Áo này hơi rộng.**

옷이나 신발 등 사이즈가 커서 몸에 안 맞을 때, '크다'라는 의미로 'rộng'을
사용합니다. 한국어에서는 '옷이 넓다' 또는 '신발이 넓다'라고 표현하지 않
지만, 베트남어에서는 '넓다'와 (사이즈) 크다'를 구분하지 않고 한 단어인
'rộng'을 사용하므로, 문맥을 잘 파악해서 해석해야 합니다.

* 대체어 : **lớn** (남부 지역에서 많이 사용)
          to (북부 지역에서 많이 사용)

생활 속 다양한 단어 활용

· 기본 의미 ·

넓다

Đường rộng, xe ít. 길은 넓고, 차는 적다.

Phòng này rộng 30m². 이 방은 30㎡ 넓어요.

Trung Quốc rất rộng. 중국은 아주 넓어요.

Nhà em rất rộng nhưng chỉ có 3 người. 우리 집은 매우 넓은데 3명밖에 없어요.

Chị muốn thuê nhà rộng nhưng đắt quá.

언니는 넓은 집을 빌리고 싶었지만, 너무 비쌌습니다.

> **Tip**
> 1. 키를 말할 때 「cao+키」의 구조를 사용하는 것처럼, 넓이 또는 크기를 말할 때도 「rộng+넓이/크기」의 구조로 표현합니다. 해석할 때 'rộng'은 생략이 가능합니다.
> 2. m²(제곱미터)는 'mét vuông'이라고 발음합니다.

· 다양한 의미 ·

(사이즈) 크다 ①

Em thích mặc áo thun rộng. 저는 큰 셔츠 입는 것을 좋아해요.

Chị có áo rộng hơn không? 언니는 더 큰 옷이 있나요?

Giày này rộng quá, em không mang được. 이 신발은 너무 커요, 저는 못 신어요.

Người ta nói đàn bà miệng rộng không tốt.

사람들이 여자는 입이 크면 좋지 않대요.

Túi quần anh rộng nên có thể đựng điện thoại.

오빠의 바지 주머니는 커서 핸드폰을 담을 수 있습니다.

> **Tip**
> 옷이나 신발 외에 입의 크기나 두 팔의 길이를 말할 때도 'rộng'을 사용합니다.
> Sải tay anh ấy rất rộng. 그의 두 팔의 길이가 아주 길어요.

14 tốt

주로 성격이나 품질이 '좋다'의 의미로 사용하는 형용사 'tốt'은 일이 '잘된다'라는 의미로도 사용합니다.

기본 의미

tốt
(성격)
**좋다,
잘해주다**

그녀는 좋은 사람이다.

네이티브 **Cô ấy là người tốt.**

사람의 성격을 말할 때, '성격이 좋다'라는 의미로 'tốt'을 사용합니다. 어떤 사람에게 잘해줄 때도 '잘해주다'의 표현으로 **tốt**을 사용하지만, 이때의 **tốt**은 모든 사람에게 '잘해주다'라는 의미가 아닌, '특정한 대상에게만 잘해준다'라는 의미로 이해할 수 있습니다.

다양한 의미

tốt ①
(품질)
좋다

이 옷은 (질이) 좋다.

네이티브 **Áo này (chất) tốt.**

어떤 물건의 품질이 좋다고 할 때, '(품질이) 좋다'라는 의미로 'tốt'을 사용합니다. **tốt**은 '마음에 들다' 또는 '좋아하다'라는 감정 표현의 의미로는 사용하지 않습니다. 그러므로 '어떤 물건이 좋다'라는 문장에서 **tốt**이 포함되어 있을 경우, '그 물건이 마음에 든다'라는 해석이 아닌, 단순히 '그 물건의 질이 좋다'라는 의미로 해석해야 합니다. 이때 **tốt**과 어울리는 단어는 'chất lượng(품질), chất(질), chất liệu(소재/재질), nguyên liệu(재료/원료)' 등이 있습니다.

tốt ②
잘되다

장사가 여전히 잘된다.

네이티브 **Việc buôn bán vẫn tốt.**

어떤 일이 잘되거나 기계가 잘 사용될 때도 'tốt'으로 표현할 수 있습니다. 특히, 베트남에서는 오랜만에 서로 만났을 때 각자의 삶에 대한 인사로 **tốt**을 사용해서 묻는 경우가 많습니다.

생활 속 다양한 단어 활용

 기본 의미

(성격) **좋다, 잘해주다**

Em rất tốt. 너는 (성격이) 아주 좋다.

Tính tình của anh ấy tốt nên nhiều người thích anh ấy.

그의 성격이 좋아서 많은 사람이 그를 좋아한다.

Cô Lee rất tốt với học sinh. 이 선생님이 학생들에게 아주 잘해줘요.

> **Tip** 'tốt'은 감정 표현인 '좋아하다(like)'라는 의미로 사용하지 않습니다.
>
> 예) 나는 그녀가 좋다.
>
> 오역 : Tôi tốt cô ấy. (✕) 네이티브 : Tôi thích cô ấy. (○)

 다양한 의미

(품질) **좋다 ①**

Chất liệu này tốt không? 이 소재는 좋은가요?

Hàng chất lượng tốt nên giá cao. 품질이 좋은 제품이라서 가격이 높아요.

Nguyên liệu tốt thì món ăn mới ngon. 재료가 좋으면 음식이 맛있어요.

잘되다 ②

Em vẫn tốt. Còn anh? 저는 여전히 잘돼요(잘 지내요). 오빠는요?

Việc kinh doanh của anh tốt không? 형의 영업은 잘돼요?

Máy tính này đã được 10 năm nhưng vẫn tốt.

이 컴퓨터는 10년이 됐지만, 아직도 잘돼요.

15

xấu

주로 성격이나 상황이 '나쁘다'의 의미로 사용하는 형용사 'xấu'은 '못생겼다', '안 좋다'라는 의미로도 사용합니다.

기본 의미

xấu

(성격/상황/상태)

나쁘다,
안 좋다

그는 성격이 나빠서 친구가 없다.

네이티브 **Anh ấy xấu tính nên không có bạn.**

'xấu'는 성격 및 상황이나 상태가 나쁠 때 사용하는 형용사입니다. '성격이 나쁘다'는 표현의 경우, '성격'을 의미하는 말과 결합하여 'xấu tính'처럼 한 단어로 사용하기도 하고 따로 사용하기도 합니다. xấu tính의 대체어로 'xấu xa'라는 표현도 사용이 가능하지만, xấu xa는 xấu tính보다 더 강한 느낌으로 전달됩니다.

다양한 의미

xấu ①

못생겼다,
안 좋다

그녀는 못생겨서 남자친구가 없다.

네이티브 **Cô ấy xấu nên không có bạn trai.**

외모에서 사용하는 xấu는 '못생겼다'는 뜻의 부정적인 의미로 사용합니다. 외모에 대한 표현 외에 어떤 디자인이나 스타일이 예쁘지 않을 때도 xấu를 사용할 수 있습니다.

* 'xấu'보다 더 강한 느낌은 'xấu xí'입니다. 한국어의 '추하다'와 비슷한 의미입니다.

생활 속 다양한 단어 활용

· 기본 의미 ·

(성격/상황/상태) **나쁘다, 안 좋다**

Cô ấy đẹp nhưng xấu tính. 그녀는 예쁘지만, 성격은 나쁘다.

Em không phải là người xấu. 저는 나쁜 사람이 아니에요.

Tình hình công ty đó rất xấu. 그 회사의 상황은 아주 안 좋아요.

Hôm nay thời tiết hơi xấu. 오늘은 날씨가 조금 안 좋아요.

> **Tip**
> '성격'은 'tính tình' 또는 'tính cách'으로 표현할 수 있지만, '나쁜 성격'은 'tính'
> 으로만 사용할 수 있습니다.

· 다양한 의미 ·

못생겼다, 안 좋다 ①

Cô ấy hát hay nhưng ngoại hình xấu.

그녀는 노래를 잘 부르지만, 외모는 못생겼어요.

Mẫu này xấu quá! Tôi không thích.

이 모델은 너무 못생겼어요! 저는 마음에 안 들어요.

Đa số đàn ông không thích phụ nữ xấu.

대부분의 남자는 못생긴 여자를 안 좋아해요.

Vải này xấu. Em muốn chọn vải khác.

이 원단(천)은 안 좋아요(안 예뻐요). 다른 원단(천)을 선택하고 싶어요.

> **Tip**
> 'xấu'는 천이나 목재 등과 같이 '재질'과 결합할 경우, 질이 안 좋다는 의미가 아닌
> '보기에 안 예쁘다'라는 의미로 이해할 수 있습니다.

베트남어의 부사는 '의문 부사, 정도 부사, 빈도 부사, 접속 부사'로 분류됩니다. 그중에서 '의문 부사'는 의문문, 특히 설명 의문문에서 사용하는 부사로, '무엇, 얼마' 등이 이에 해당합니다. 베트남어의 특징으로 의문 부사는 의문문뿐만 아니라 평서문, 청유문에서도 자주 사용합니다.

Bài **3**

의문 부사

📖 단어 미리 보기 •

1.	ai	5.	đâu	9.	mấy
2.	bao nhiêu	6.	gì	10.	nào
3.	bao lâu	7.	hôm nào	11.	tại sao
4.	bao xa	8.	khi nào	12.	thế nào

ai

'ai'는 '누가'와 '누구'를 각각 주어와 목적어로 구분해서 사용하지 않고 하나의 의미로 사용합니다. 다만, ai의 위치에 따라서 '누가'와 '누구'로 해석을 구분할 수 있습니다.

기본 의미

| ai
누가 | 누가 담당자입니까?
네이티브 **Ai là người phụ trách?** |

'ai'는 '누가'와 '누구'에 대한 사용 빈도를 나누기 어려울 만큼 비슷한 빈도로 많이 사용하는 의문 부사입니다. 보통, ai가 문장 맨 앞에 오거나 동사 또는 형용사 앞에 오는 경우에는 '누가'로 해석합니다.

다양한 의미

| ai ①
누구 | 누구세요?
오역 Là ai?
네이티브 **Ai đấy?** |

'누구'로 해석하는 ai는 동사나 형용사 앞에 위치하지 않습니다. '누구'로 해석할 때의 ai가 문장 앞에 위치할 경우에는 ai 뒤에 '지시 형용사(đấy, vậy, thế)'만 올 수 있습니다. 그러므로 자신에게 전화하는 사람이나 문을 두드리는 사람에게 '누구세요?'라고 물어볼 때 '누구(ai)'와 '이다(là)'를 각각 해석해서 'Là ai?'라고 표현하는 것은 잘못된 표현입니다.

생활 속 다양한 **단어** 활용

누가

Ai là chủ nhà? 누가 집주인이에요?

Ai thông minh nhất? 누가 가장 똑똑해요?

Ai gọi điện thoại cho em? 누가 저한테 전화했나요?

Ai là giám đốc công ty này? 누가 이 회사의 사장님이에요?

Ngày mai ai sẽ đến? 내일 누가 올 건가요?

> **Tip**
> 어디에 누가 있는지 물어볼 때는 'ai' 앞에 동사 'có(있다)'를 넣어서 사용합니다.
> 예 Có ai ở nhà? = Ở nhà có ai? 집에 누가 있어요?

· 다양한 의미 ·

누구 ①

Ai vậy? 누구세요?

Đó là ai? 저기는 누구인가요?

Anh tìm ai? 누구를 찾으세요?

Chị muốn gặp ai? 누구를 만나고 싶나요?

Bạn trai cô ấy là ai? 그녀의 남자친구는 누구인가요?

> **Tip**
> 'ai'는 '의문 부사'이므로 의문문에서 많이 사용하지만 ai가 있다고 해서 모두 의문문은 아닙니다. 베트남어는 '설명 의문문'이 아니라도 '의문 부사'를 넣어서 사용하는 경우가 많기 때문에 문장의 의미를 잘 파악해야 합니다. 특히, ai 앞에 'không'이 바로 오거나 ai 뒤에 'cũng'이 올 때는 의미가 달라질 수 있으므로 주의해야 합니다.
> 예 Không ai đến. 아무도 안 왔다.
> Ai cũng được. 누구나 괜찮다.

MP3 032

bao nhiêu

'bao nhiêu'는 '얼마'라는 의미를 가진 단어(bao nhiêu, bao lâu, bao xa) 중에서 사용 빈도가 가장 높은 의문 부사입니다. 또한, '수량'이나 '날짜'를 물어보는 경우에는 '몇'으로 해석할 수 있습니다.

기본 의미

bao nhiêu
(가격)
얼마

이것은 얼마예요?

직역　Cái này bao nhiêu?

네이티브　**Cái này bao nhiêu tiền?**

'bao nhiêu'의 기본 의미는 가격을 물어볼 때 사용하는 '얼마'입니다. '얼마' 또는 '얼마예요?'라는 표현을 할 때, bao nhiêu 뒤에 'tiền(돈)'을 붙여서 'bao nhiêu tiền'이라고 표현합니다. 그 이유는 bao nhiêu가 여러 의미로도 사용되기 때문에 묻고자 하는 단어를 넣어서 정확한 표현을 나타내기 위해서입니다. 그러나 bao nhiêu 뒤에 tiền이 항상 위치하는 것은 아닙니다.

다양한 의미

bao nhiêu ①
몇

오늘은 며칠이에요?

네이티브　**Hôm nay là ngày bao nhiêu?**

'수량, 날짜, 온도, 번호' 등에서 '몇'으로 표현할 때 'bao nhiêu'를 사용합니다. 그중 '날짜'에 사용하는 경우, '년, 월, 일' 등과 같이 날짜를 가리키는 단어가 bao nhiêu의 앞과 뒤의 위치에 따라서 그 의미가 달라질 수 있습니다. bao nhiêu가 뒤에 오면 '시점(일자)을 물어보는 것'이고, 앞에 오면 '기간을 물어보는 것'으로 '얼마 동안'으로 해석할 수 있습니다.

생활 속 다양한 단어 활용

(가격) 얼마

Sách này bao nhiêu tiền? 이 책은 얼마예요?

Phở bao nhiêu tiền 1 bát? 쌀국수는 한 그릇에 얼마예요?

Hoa hồng bao nhiêu 1 bó ạ? 장미 한 다발에 얼마예요?

Em muốn mượn bao nhiêu? 너는 얼마를 빌리고 싶어?

몇 ①

Ngày mai bao nhiêu độ? 내일은 몇 도예요?

Số điện thoại của anh là bao nhiêu? 형의 전화번호는 몇 번이에요?

Bây giờ ở công ty có bao nhiêu người? 지금 회사에 몇 명이 있어요?

Hôm qua là ngày bao nhiêu? 어제는 며칠이었어요?

Anh ở Việt Nam bao nhiêu ngày? 오빠는 베트남에 며칠 동안 있어요?

'bao nhiêu'는 '몇'의 뜻을 가지고 있지만, '몇 시', '몇 분'과 같은 '시간'에 사용하지는 않습니다. '시간'에 사용할 경우의 '몇'은 'mấy'를 사용합니다.

bao lâu

시간의 길이를 묻는 의문 부사 'bao lâu'는 주로 '이동 시간' 및 '진행 시간' 등을 질문할 때 많이 사용합니다.

기본 의미

(시간)
**얼마,
얼마나**

오토바이로 가면 얼마나 걸려요?

직역　Nếu đi bằng xe máy thì mất bao lâu?

네이티브　**Đi bằng xe máy mất bao lâu?**

'bao lâu'는 한 장소에서 다른 장소로 이동하는 시간, 어떤 일을 진행하면서 소요되는 시간을 물을 때 '얼마, 얼마나'라는 의미로 사용합니다. bao lâu 앞에 '걸리다'의 의미를 가진 'mất'을 위치시키면 '얼마나 걸리니?'라는 질문이 됩니다. '~면'의 의미를 나타낼 때는 「nếu ~ thì」 형태를 사용하지만, 베트남 현지에서는 생략해서 표현하는 경우가 많습니다.

· 단어 활용 ·

Phải chờ trong bao lâu? 얼마 동안 기다려야 해요?

Bao lâu rồi anh mới đến đây? 형은 얼마 만에 여기에 온 거예요?

Em học tiếng Việt bao lâu rồi? 베트남어를 배운 지 얼마나 됐어요?

Chúng ta không gặp nhau bao lâu rồi nhỉ?

우리는 서로 안 만난 지 얼마나 됐을까요?

bao xa

거리의 길이를 묻는 의문 부사 'bao xa'는 주로 거리로 얼마나 멀리 있는지 물어볼 때 많이 사용합니다.

기본 의미

(거리)
얼마나

회사에서 여기까지 얼마나 멀어요?

직역   Từ công ty đến đây xa bao nhiêu?

네이티브 **Từ công ty đến đây bao xa?**

'bao xa'는 'xa bao nhiêu'에서 파생된 말이라고 할 수 있습니다. 그러나 xa bao nhiêu는 잘 사용하지 않는 표현입니다. 베트남 현지에서는 거리가 얼마나 먼지, 몇 km 정도인지가 궁금할 때 'bao xa'를 사용해서 표현합니다. bao xa는 '얼마'라는 의미를 가진 단어(bao nhiêu, bao lâu, bao xa) 중에서 사용 빈도가 가장 낮습니다.

· 단어 활용 ·

Mặt trời cách trái đất bao xa? 태양은 지구와 얼마나 멀어요?

Từ nhà đến trường bao xa? 집에서 학교까지 얼마나 멀어요?

Hai công ty cách nhau bao xa? 두 회사는 서로 얼마나 떨어져 있어요?

Mỹ và Hàn Quốc cách nhau bao xa?

미국과 한국은 서로 얼마나 떨어져 있어요?

đâu

주로 '어디'의 의미로 사용하는 의문 부사 'đâu'는 '무엇', '누가'라는 의미로도 사용합니다.

기본 의미

đâu
어디

오빠는 어디 가나요?

오역   Anh đi ở đâu?

네이티브 **Anh đi đâu?**

'đâu'의 기본 의미는 '어디'입니다. 그러나 베트남어 중에서 đâu 앞에 'ở'를 넣어서 사용하는 경우가 많기 때문에 'ở đâu'를 '어디'로 착각하는 경우가 많습니다. ở는 경우에 따라서 조사 '~에, ~에 있다. 있다'로 해석되므로, '어디'라는 표현에 언제나 ở đâu를 사용할 수 있는 것이 아닙니다.

다양한 의미

đâu ①
무엇, 누가

나는 무엇이 맞고 무엇이 틀렸는지 모른다.

직역   Tôi không biết cái gì là đúng và cái gì là sai.

네이티브 **Tôi không biết đâu là đúng và đâu là sai.**

'đâu'는 어떠한 특정 범위에서 나타난 문제나 내용 등을 가리킬 때, '무엇이, 누가'라는 의미로 사용합니다. '무엇이'로 해석할 때는 보통 'là'와 결합하며, 사람과 결합할 때는 '누가'로 해석할 수 있습니다.

 잠깐만요!

'đâu'를 반복해서 사용하면 '어디든, 어디에든, 어디에서든, 어디에도, 어디에서도'의 뜻으로 표현할 수 있습니다. 이런 경우 'đâu đâu' 뒤에 'cũng'이 후행합니다.

예 Đâu đâu cũng là người. 어디에도 사람이다. (사람이 너무 많아서 어디에 가도 사람이 보인다는 의미)
Mùa thu Hàn Quốc rất đẹp. Đâu đâu cũng có lá phong.
한국의 가을이 아주 아름다워요. 어디에도 단풍나무가 있어요.

생활 속 다양한 단어 활용

 단어 활용

어디

Đây là đâu? 여기는 어디예요?

Nhà em ở đâu? 네 집은 어디에 있니?

Anh làm việc ở đâu? 형은 어디에서 일해요?

Đâu là công ty của anh? 어디가 형의 회사예요?

 다양한 의미

무엇, 누가 ①

Vấn đề ở đây là đâu? 여기의 문제는 무엇인가요?

Đâu là vấn đề quan trọng nhất? 무엇이 가장 중요한 문제인가요?

Em không phân biệt được đâu là tiếng Việt.

저는 무엇이 베트남어인지 구분할 수 없어요.

Chị biết đâu là người Hàn, đâu là người Việt không?

언니는 누가 한국 사람인지, 누가 베트남 사람인지 알아요?

∩ MP3 036

06 gì

'gì'는 '무엇'과 '무슨'의 의미를 동시에 가진 의문 부사입니다. gì 앞에 오는 품사에 따라서 '무엇'과 '무슨'으로 구분해서 해석할 수 있습니다.

기본 의미

gì
무엇

이것은 무엇이니?

직역   Cái này là gì?

네이티브   **Cái này là cái gì?**

'gì'는 바로 앞에 'là(이다)' 또는 다른 동사가 위치할 경우 '무엇'으로 해석할 수 있습니다. 그러므로 예문과 같이 '이것은 무엇이니?'에서 '무엇이니?'를 직역하면 'là gì?'라는 표현이 됩니다. 그러나 베트남 현지에서는 'là cái gì'라는 표현을 더 많이 사용합니다. 그 이유는 'cái'가 사물을 가리키는 말 앞에 오는 '의존 명사'로서, cái를 한 단어로만 보았을 경우에는 '것'이나 단위 명사인 '개'로 해석할 수 있지만, 'cái gì'와 같이 결합해서 사용할 경우에는 '무엇'으로 해석할 수 있기 때문입니다. 특히, '무엇'이 주어로 사용될 때는 gì만 단독으로 사용할 수 없으며, 반드시 cái gì로 결합해서 사용해야 합니다.

다양한 의미

gì ①
무슨

이 책은 무슨 책입니까?

네이티브   **Sách này là sách gì?**

'gì' 앞에 명사가 위치할 경우에는 수식하는 말이 수식 받는 말 뒤에 오기 때문에 '무슨'으로 해석할 수 있습니다.

 잠깐만요!

무엇인가에 놀랐을 때도 'gì'를 사용할 수 있습니다. gì는 단독으로 사용할 수 없으므로, 'cái'를 결합시켜서 'cái gì'라고 표현할 수 있습니다.

예 Cái gì? 뭐? (놀랐을 때)

생활 속 다양한 단어 활용

무엇

Em cần gì? 너는 무엇이 필요해? / 너는 무엇을 필요로 해?

Anh ăn gì? 형은 무엇을 먹어요?

Chị đang làm gì? 언니는 무엇을 하고 있어요?

Anh/chị cần gì ạ? 무엇을 도와드릴까요? (형/누나는 무엇이 필요하세요?)

Tip '무엇을 도와드릴까요?'라는 표현을 베트남어로 직역해서 표현하면 'Tôi giúp gì cho anh?'이 됩니다. 그러나 베트남 현지에서는 'Anh/chị cần gì ạ?'라는 표현을 더 많이 사용합니다.

무슨 ①

Áo này màu gì? 이 옷은 무슨 색이에요?

Món này là món gì? 이 음식은 무슨 음식이에요?

Anh đang làm việc gì? 형은 무슨 일을 하고 있어요?

Chị ấy làm ở công ty gì? 그 언니는 무슨 회사에서 일해요?

hôm nào

🎧 MP3 037

정확하지 않은 시점을 나타낼 때, '언젠가, 언제'라는 의미로 사용하는 의문 부사인 'hôm nào'는 의문문뿐만 아니라 평서문, 청유문에서도 자주 사용합니다.

기본 의미

언젠가

언젠가 만나자!

직역 Một lúc nào đó gặp nhé!

네이티브 **Hôm nào gặp nhé!**

'hôm nào'는 약속 또는 정확하지 않은 시점을 나타낼 때 '언젠가'라는 의미로 사용합니다. '언젠가'는 언제인지 정확히 모른다는 뜻을 가지므로 'một lúc(한 때)'과 'nào đó(정확하지 않은 것, 시점, 장소)'가 결합하여 'một lúc nào đó'로 표현하는 경우가 많습니다. 그러나 이 표현은 문어체에서 많이 사용하는 표현이 므로, 일반 대화에서 사용할 경우에는 매우 어색한 표현입니다.

Hôm nào **anh ấy về?** 그는 언제 돌아와요?

Hôm nào **rảnh đi cà phê nhé!** 언젠가 시간이 있으면 카페 가자!

Hôm nào **có tiền em mời anh đi ăn.** 언젠가 돈이 있으면 제가 한턱 낼게요.

Em không biết hôm nào **chị Hoa đi Hàn Quốc.**

저는 화 언니가 언제 한국에 가는지 모르겠어요.

> **Tip**
> 'hôm nào'는 '언제'로 해석하는 경우도 있습니다. 'hôm'과 'ngày'는 거의 같은 의 미를 가지지만 'ngày nào'는 '며칠'로 해석하는 반면, hôm nào는 날짜보다 '시점' 을 가리키는 말이므로 '언제'라고 해석할 수 있습니다.

08 | khi nào

'khi nào'는 '언제'라는 뜻을 가진 의문 부사로, 구어체와 문어체에서 모두 사용할 수 있는 표현입니다.

기본 의미

언제

형은 언제 베트남에 갔었나요?

직역 Anh đã đi Việt Nam khi nào?

네이티브 **Anh đi Việt Nam khi nào?**

'khi nào'는 '언제'라는 의미를 가진 의문 부사지만, 문장의 앞 또는 동사 앞과 뒤에 오는 위치에 따라서 '동사의 시제'가 달라질 수 있습니다. khi nào가 동사 앞에 오는 경우에는 '현재 또는 미래시제와 동행'하는 반면, 동사 뒤에 오는 경우에는 '과거시제와 동행'합니다. 그러나 베트남어에서 과거시제를 나타내는 말은 일상생활에서 생략하는 경우가 많습니다.

· 단어 활용 ·

Em đến khi nào? 너는 언제 왔니?

Chị về nhà khi nào? 언니는 언제 집에 들어왔어요?

Khi nào anh tan ca? 형은 언제 퇴근해요?

Khi nào anh đi Việt Nam? 형은 언제 베트남에 갈 거예요?

Tip

1. 'khi nào'가 동사 앞에 오는 경우, 가까운 미래나 매일 반복되는 일이라면 현재 시제로 해석할 수 있습니다.

2. 'khi nào'와 같은 의미를 가진 표현으로 'bao giờ, lúc nào' 등이 있습니다. bao giờ, lúc nào의 용법도 khi nào와 마찬가지입니다.

mấy

🎧 MP3 039

주로 날짜나 수량을 물을 때 '몇'의 의미로 사용하는 의문 부사 'mấy'는 '무슨'이라는 의미로도 사용합니다.

기본 의미

mấy
몇

오늘은 며칠입니까?

오역   Hôm nay là mấy ngày?

네이티브 **Hôm nay là ngày mấy?**

'mấy'는 수량을 물을 때 '몇 명, 몇 개'처럼 '명'이나 '개'와 같은 단위 명사 앞에 '몇'이라는 의미로 위치하는 의문 부사입니다. 그러나 '오늘은 며칠이니?'에서 '며칠'은 수량을 묻는 것이 아니라 '날짜(시점)'를 묻는 것이기 때문에 단위 명사 앞에 위치한다는 규칙에 적용되지 않습니다. 그러므로 날짜 또는 시점을 물을 때는 mấy가 명사 뒤에 위치합니다.

다양한 의미

mấy ①
무슨

오늘은 무슨 요일입니까?

오역   Hôm nay là thứ gì?

네이티브 **Hôm nay là thứ mấy?**

'mấy'는 '무슨'으로 해석하는 경우도 있습니다. 하지만 이런 경우는 '요일, 반(수업)'에만 한정되어 사용합니다. '무슨 요일'이란 표현을 'thứ(요일)'와 'gì(무슨)'를 결합시켜서 'thứ gì'로 표현하는 경우가 있습니다. 그러나 이 표현은 잘못된 표현입니다. 요일을 묻는 경우에는 gì 대신 mấy를 사용해서 'thứ mấy'로 표현해야 합니다.

잠깐만요!

'mấy'는 가격을 물어볼 때 '얼마'라는 의미로 표현하는 경우가 있습니다. 그러나 이것은 방언에서만 보이는 표현입니다. 즉, 중부 지방에서는 '얼마'의 표현으로 'bao nhiêu' 대신 'mấy'를 사용하는 경우가 많습니다. 그러므로 '얼마예요?'라는 질문을 할 때 'bao nhiêu tiền?' 대신 'mấy tiền?'이라고 표현할 수도 있습니다.

생활 속 다양한 단어 활용

단어 활용

몇

Con gái của chị mấy tuổi? 언니의 딸은 몇 살이에요?

Tháng sau là tháng mấy? 다음 달은 몇 월이에요?

Anh ở Việt Nam mấy tháng? 형은 베트남에 몇 개월 동안 있어요?

Trong phòng có mấy người? 방 안에 몇 명이 있어요?

Em có mấy quyển sách tiếng Việt? 너는 베트남어책이 몇 권 있어?

> **Tip**
> 나이를 물어볼 때 'mấy tuổi(몇 살)'라는 표현은 자신보다 어리거나 나이가 비슷한 사람에게만 사용할 수 있습니다. 나이가 많거나 높은 상대에게는 'bao nhiêu tuổi'라는 표현을 사용합니다.

다양한 의미

무슨 ①

Em ấy học lớp mấy? 그 동생은 무슨 반에서 공부해요?

Năm nay em lên lớp mấy? 올해 무슨 학년이 되니?

Hôm qua là thứ mấy? 어제는 무슨 요일이었어요?

Thứ mấy anh đi Hàn Quốc? 형은 무슨 요일에 한국에 가요?

> **Tip**
> 'lớp mấy'는 '반 이름' 또는 '몇 학년'을 물어보는 2가지의 의미를 가지고 있습니다. 그러므로 문맥과 상황을 잘 파악해서 해석해야 합니다.
>
> 예 Em ấy học lớp mấy?　　　　Năm nay em lên lớp mấy?
> 　　그 동생은 무슨 반에서 공부해요?　　올해 몇(무슨) 학년이 되니?
> 　　= 그 동생은 몇 학년이에요?

10

nào

'nào'는 주로 문미에 위치하며, 선택이 필요한 질문에서 '어느, 어떤'이라는 의미로 표현하는 의문 부사입니다.

기본 의미

어느, 어떤

어느 것을 좋아하니?

네이티브 **Em thích cái nào?**

'nào'는 여러 가지 선택 중에서 어느 것이 마음에 드는지 질문할 때 '어느, 어떤'이라는 의미로 사용합니다. 이때, 해당 사물의 '성질이나 상태' 등을 물어보는 것이 아니라, 여러 가지 사물 중에서 '선택되는 것을 물어보는 것'이라는 의미로 이해할 수 있습니다.

 단어 활용

Anh chọn cái nào? 오빠는 어느 것을 선택할 건가요?

Em là người nước nào? 너는 어느 나라 사람이니?

Em thích mùi hương nào? 너는 어떤 향을 좋아하니?

Anh muốn uống cà phê nào? 어떤 커피를 마시고 싶어요?

Tip '어떤'으로 해석하는 'nào'는 여러 가지 선택이 있거나 종류가 다양한 대상과 결합해야 합니다. 단, 사람이나 사물의 성격, 상태 등을 물어볼 때는 nào보다 'thế nào'라고 표현하는 것이 더 자연스럽습니다.

11 tại sao

'tại sao'는 원인을 물을 때 사용하는 '왜'라는 의미이며, 구어체에서 사용 빈도가 높은 의문 부사 중 하나입니다.

기본 의미

왜

왜 그렇게 늦게 왔니?

오역   Tại sao đã đến muộn thế?

네이티브 **Tại sao đến muộn thế?**

'tại sao'는 어떤 결과의 원인이 무엇인지 물을 때 '왜'라는 의미로 사용하는 의문사입니다. tại sao와 같이 원인과 이유를 묻는 의문사가 나타나는 문장일 경우에는 일반적으로 시제가 표시되지 않습니다. 따라서 예문과 같이 '왔니'로 해석할 경우, 베트남어에서는 과거시제를 나타내는 단어인 'đã'를 사용하지 않습니다.

· 단어 활용 ·

Tại sao cô Lee chưa đến? 이 선생님은 왜 아직 안 왔어요?

Tại sao em ăn nhiều thế? (너는) 왜 그렇게 많이 먹어?

Tại sao anh học tiếng Việt? (형은) 왜 베트남어를 배워요?

Vấn đề này **tại sao** lại xảy ra? 이 문제는 왜 생겼어요?

> **Tip**
>
> 1. 'tại sao'와 비슷한 표현으로 'vì sao'가 있습니다. vì sao는 주로 '노래 가사, 시, 글귀'에서 사용하는 표현으로 'sao'로 줄여서 사용하는 경우도 많습니다.
>
>   예 **Vì sao** anh lại đến đây?
>   왜 여기에 오셨어요? = 어떻게 오셨어요?
>
> 2. 'tại sao'는 원인이나 이유를 물을 때 사용하는 표현이므로, '무슨 일이 있니?'로 사용하는 '왜'와 차이가 있습니다. 예를 들어, 친구에게 전화가 왔을 때 '왜(왜 전화했니)?'라고 말할 때는 '**tại sao**' 대신 '**có chuyện gì?**(무슨 일이 있니?)'라는 표현을 사용합니다.

MP3 042

thế nào

주로 상태, 성격 등을 물어볼 때 '어떤, 어때'의 의미로 사용하는 의문 부사 'thế nào'는 방법을 물을 때 '어떻게'라는 의미로도 사용합니다.

기본 의미

thế nào
어떤

> 그는 어떤 사람인가요?
>
> 네이티브 **Anh ấy là người thế nào?**

'thế nào'는 명사 뒤에 위치하며, 어떠한 상태 또는 성질과 성격을 묻는 질문을 할 때 '어떤'과 '어때'의 뜻으로 표현하는 의문 부사입니다. 이때, thế nào가 단순히 명사 뒤에 와서 명사를 수식해주는 경우에는 '어떤'으로 해석할 수 있습니다.

다양한 의미

thế nào ①
어때

> 이 영화는 어떤가요?
>
> 네이티브 **Phim này thế nào?**

'thế nào' 앞에 주어의 역할을 하는 명사가 오고 thế nào 혼자만이 서술어가 되는 경우에는 '어때'로 해석할 수 있습니다.

thế nào ②
어떻게

> 이 단어는 베트남어로 어떻게 말합니까?
>
> 직역 **Từ này nói thế nào bằng tiếng Việt?**
>
> 네이티브 **Từ này tiếng Việt nói thế nào?**

'thế nào'는 어떤 행동을 하는 방법을 물을 때 '어떻게'라는 의미로도 사용합니다. 이때 thế nào는 동사 뒤에 위치합니다. 예문과 같은 표현의 경우, 'nói'가 '말하다'의 뜻을 가진 동사이므로, thế nào 앞에 위치해야 하며, 'bằng(~으로)'은 생략하는 것이 더 자연스럽습니다.

* 대체어 : như thế nào
       làm sao (남부 지역에서 많이 사용)

생활 속 다양한 단어 활용

어떤

Đây là công ty thế nào? 이 회사는 어떤 회사인가요?

Chị muốn mua sách thế nào? 어떤 책을 사고 싶어요?

Em muốn xem loại phim thế nào? 너는 어떤 장르의 영화를 보고 싶어?

Bạn trai của cô ấy là người thế nào? 그녀의 남자친구는 어떤 사람이에요?

어때 ①

Cái áo này thế nào? 이 옷은 어때요?

Mùa xuân Hàn Quốc thế nào? 한국의 봄은 어때요?

Món ăn Việt Nam thế nào? 베트남 음식은 어때요?

Chị thấy cái áo này thế nào? 이 옷이 어떻다고 생각해요?

어떻게 ②

Đi đến đó thế nào? 거기까지 어떻게 가요?

Từ này viết thế nào? 이 단어는 어떻게 써요?

Món này ăn thế nào? 이 음식은 어떻게 먹어요?

Em không biết làm thế nào. 어떻게 하는지 모르겠어요.

베트남어에서 '정도 부사'는 형용사나 동사 앞에 위치하며, 그 형용사나 동사의 뜻을 강조 또는 감소시켜주는 역할을 합니다. 대부분의 경우에는 정도 부사가 형용사를 수식해주지만, 감정을 나타내는 일부의 동사 앞에 오는 경우도 있습니다.

정도 부사

단어 미리 보기 •

1.	cực kỳ	3.	khá	5.	quá
2.	hơi	4.	lắm	6.	rất

cực kỳ

'지극히, 엄청'이라는 의미로 사용하는 정도 부사인 'cực kỳ'는 주로 구어체에서 많이 사용합니다.

기본 의미

지극히, 엄청, 몹시	나는 이 영화를 지극히 좋아한다. 네이티브 **Tôi cực kỳ thích phim này.**

'cực kỳ'는 한자어로 해석하여 '지극히'라는 뜻을 가지고 있는 정도 부사입니다. 그러나 '엄청(나게), 몹시(아주 많이)' 등으로도 해석할 수 있습니다. 또한, cực kỳ 는 '좋아하다, 싫어하다, 미워하다, 사랑하다' 등과 같이 감정을 나타내는 일부의 동사 앞에만 위치할 수 있습니다.

Em cực kỳ ghét ăn phở. 저는 쌀국수 (먹는 것을) 엄청 싫어해요.

Giám đốc cực kỳ khó tính. 사장님은 성격이 엄청 깐깐해요.

Cái áo này cực kỳ đẹp. 이 옷은 몹시 예뻐요.

Mùa hè Việt Nam cực kỳ nóng. 베트남 여름은 몹시 더워요.

Tip
'cực kỳ'는 의문문과 어울리지 않습니다. 예를 들어, '너는 이것을 아주 많이 좋아하니?'라는 질문을 'Em cực kỳ thích cái này à?'로 표현하는 것은 어색한 표현입니다. 'cực kỳ' 대신 'lắm'을 사용해서 'Em thích cái này lắm à?'라고 표현하는 것이 자연스럽습니다.

🎧 MP3 044

02 hơi

'hơi'는 형용사나 동사 앞에 위치해서 그 형용사나 동사의 뜻을 '감소'시키는 역할을 하는 정도 부사입니다.

기본 의미

조금, 약간

이 방은 넓지만 조금 어둡다.

네이티브 **Phòng này rộng nhưng hơi tối.**

'hơi'는 '약간, 조금'의 뜻을 가진 정도 부사로, 형용사와 감정을 나타내는 일부의 동사 앞에만 위치할 수 있습니다. hơi가 형용사 앞에 위치하는 경우에는 '그 상태가 많이 없다'라는 의미로 이해할 수 있습니다.

• 단어 활용 •

Em thấy hơi buồn. 저는 조금 슬퍼요.

Em cũng hơi thích anh ấy. 저도 그를 조금 좋아해요.

Món này hơi mặn. 이 음식은 약간 짜요.

Chị nói hơi nhanh. 언니는 약간 빨리 말해요.

> **Tip**
> '조금'의 의미로 사용하는 'hơi'는 형용사와 감정을 나타내는 일부 동사와만 결합할 수 있기 때문에 '조금 봤다'와 같은 표현에서는 사용할 수 없습니다.
>
> 예 조금 봤어요.
> **Em đã** hơi xem. (✕)   Xem một chút rồi. (○)
>
> 나는 조금 먹었어요.
> **Tôi đã** hơi ăn. (✕)   Tôi đã ăn một chút. (○)

🎧 MP3 045

khá

'khá'는 형용사나 동사 앞에 위치해서 그 형용사나 동사의 뜻을 '강조'하는 역할을 하는 정도 부사입니다.

기본 의미

꽤

이 영화는 꽤 재미있다.

직역   Phim này khá hay.

네이티브   **Phim này khá là hay.**

'khá'는 보통 기준과 '아주, 매우'의 중간에 있는 상태라고 할 수 있습니다. khá 는 구어체에서도 사용이 가능하지만, 보통 문어체에서 많이 사용합니다. 구어체 에서는 khá 뒤에 'là'를 넣어서 발화하는 경우가 많으며, là와 결합시켰을 때 더 자연스러운 표현이 됩니다. 이때의 là는 정도 부사 뒤에 위치하며, 강조의 의미 를 가지므로 한 단어인 '이다'로 해석하지 않습니다.

· 단어 활용 ·

Cô ấy khá là lười. 그녀는 꽤 게을러요.

Cô ấy hát khá hay. 그녀는 노래를 꽤 잘한다.

Trời hôm nay khá đẹp. 오늘은 날씨가 꽤 좋네요.

Anh ấy khá thông minh. 그는 꽤 똑똑해요.

> **Tip**
> 'khá'는 형용사로 사용하는 경우도 있으며, '잘하다, 좋다, 돈이 많다' 등으로 해석 할 수 있습니다. 그러나 정도 부사 khá는 형용사 khá와 '동음이의어'일 뿐, 아무 관 계가 없습니다. 또한, khá는 정도 부사로서 형용사를 수식한다고 해도 이 두 단어는 동행할 수 없다는 특징도 있습니다.
> 예 Cô ấy khá khá. (✕)

lắm

MP3 046

'lắm'은 '많이, 아주'라는 의미를 가진 정도 부사로, 분포가 특이한 특징을 가지고 있습니다.

기본 의미

많이, 아주

나는 너를 많이 좋아한다.

오역   Anh lắm thích em.

네이티브   **Anh thích em lắm.**

'lắm'은 동사나 형용사 앞에 오는 대부분의 정도 부사와 다르게, 동사 또는 형용사 뒤에 위치하는 특징이 있습니다. 이런 특징 때문에 **lắm**을 잘못 사용하는 경우가 많으므로 주의해야 합니다.

정도 부사

단어 활용

Trời nóng lắm.   날씨가 아주 더워요.

Phim này hay lắm.   이 영화는 아주 재미있어요.

Em ghét màu đỏ lắm.   저는 빨간색을 아주 싫어해요.

Món này ngon lắm. Anh ăn thử đi.

이 음식은 아주 맛있어요. 오빠 먹어 보세요.

> **Tip**
> 1. 'lắm'은 명사 앞에 오는 경우도 있으며, 이때는 형용사로 간주합니다.
>   예 lắm tiền 돈이 많다
>   lắm tài 재주가 많다
> 2. 'lắm'은 화자가 자신의 생각 또는 경험한 것을 다른 사람에게 전달할 때 사용하므로, 청자는 '그 정보를 몰랐다'는 의미로 인식할 수 있습니다.

quá

'quá'도 'lắm'과 마찬가지로 동사 또는 형용사의 앞과 뒤에 모두 위치할 수 있습니다. 또한, quá의 위치에 따라서 그 의미가 조금씩 달라집니다.

기본 의미

너무

날씨가 너무 좋다!

오역   Thời tiết quá tốt!

직역   Thời tiết tốt quá!

네이티브   **Thời tiết đẹp quá!**

'quá'는 어떤 행동을 기준보다 더 하거나 어떤 기존의 상태보다 높은 정도를 나타냅니다. quá가 동사 또는 형용사 앞에 위치하는 경우에는 '사실을 진술하는 의미'로 사용되고, 뒤에 위치하는 경우에는 '화자의 감정, 느낌을 표현하는 의미'로 사용됩니다. 즉, 동사 또는 형용사 뒤에 오는 quá는 감탄문에서 자주 사용하는 부사입니다. 또한, 예문과 같이 '너무 좋다'라는 의미로 'tốt quá'라고 표현하는 경우가 있습니다. 그러나 'tốt'은 성격이나 품질이 '좋다'는 의미로 사용하는 형용사이므로, 날씨가 '좋다'는 의미를 표현할 때는 'đẹp'을 사용해서 표현해야 합니다.

· 단어 활용 ·

Áo này đẹp quá! 이 옷은 너무 예쁘다!

Cô ấy dễ thương quá! 그녀는 너무 귀여워요!

Anh ấy quá cố chấp. 그는 고집이 너무 세요.

Vấn đề này quá khó. Tôi không thể giải quyết.

이 문제는 너무 어려워요. 나는 해결할 수 없어요.

Tip
'quá'가 동사나 형용사 뒤에 놓여 쓰일 때는 '화자의 감정이나 생각'을 나타내 주지만, 화자가 과거 또는 예전에 느꼈던 것에 대해서는 사용할 수 없습니다. 즉, 화자가 바로 발화하는 시점에서 생각하거나 느끼는 것에만 사용이 가능합니다.
예 어제 분짜를 먹었는데, 너무 맛있었다!
    Hôm qua tôi ăn bún chả, ngon quá! (✕)

rất

'rất'은 보통의 수준보다 높은 수준의 '아주'라는 의미이며, 사용 빈도가 매우 높은 정도 부사 중 하나입니다.

기본 의미

아주

블랙커피는 아주 진하다.

네이티브 **Cà phê đen rất đậm.**

'rất'은 '아주'의 뜻을 가진 정도 부사로, 주로 형용사 앞에 위치하며 보통의 수준 보다 더 높은 수준에 있다는 것을 나타냅니다. 또한 동사 앞에 위치할 경우에는 다른 정도 부사와 마찬가지로 감정을 나타내는 일부의 동사 앞에만 위치할 수 있습니다.

 • 단어 활용 •

Cô ấy rất ghét tôi. 그녀는 나를 아주 싫어해요.

Tiếng Việt rất khó. 베트남어는 아주 어려워요.

Dạo này em rất bận. 요즘 저는 아주 바빠요.

Em rất thích phim này. 저는 이 영화를 아주 좋아해요.

> **Tip**
> '아주'라는 표현으로 베트남 현지에서는 'rất' 대신 'rất là'를 더 많이 사용합니다. rất là는 한 단어로 인정되지 않고 rất보다 느낌이 조금 강한 표현이지만, 문장의 흐름에 있어서 rất là의 발음이 더 편하기 때문에 현지인들이 자주 사용하고 있습니다. 그런 이유로 rất은 베트남에서 '스피치, 뉴스, 글' 등에서만 사용하고 있습니다.
> 예 **Trời rất là nóng.** 날씨가 아주 덥다.

빈도 부사란, 주로 '동사 앞'에 놓이며, 해당 '행동을 하는 빈도'를 나타내
주는 표현입니다. 그러나 베트남어의 빈도 부사는 매우 다양하고 문장에
서의 위치도 단어마다 다릅니다.

Bài

5

빈도 부사

📖 단어 미리 보기 •

1.	**thường**	4.	**hiếm khi**	7.	**luôn luôn**
2.	**lâu lâu**	5.	**đôi khi**	8.	**hầu như không**
3.	**thỉnh thoảng**	6.	**lúc nào cũng**	9.	**không bao giờ**

thường

'thường'은 동사 앞에 위치하며, 해당 행동을 하는 빈도가 '중간 정도'라는 의미를 나타내는 부사의 역할을 합니다.

기본 의미

보통, 자주

나는 보통 밤늦게까지 자지 않는다.

네이티브 **Em cũng thường thức khuya.**

'thường'은 '보통, 자주'의 뜻을 가진 빈도 부사로 주어 앞에 올 수 없고 주어 뒤 또는 동사 앞에만 위치할 수 있습니다.

· 단어 활용 ·

Chị thường ngủ sớm. 언니는 보통 일찍 자요.

Em thường đi chơi vào cuối tuần. 저는 보통 주말에 놀러 가요.

Mọi người thường đi đâu vào cuối tuần?

여러분은 보통 주말에 어디에 가요?

Anh thường đến đây không? 오빠는 여기에 자주 와요?

Tip
1. 'thường'은 'hay' 또는 'thường hay'와 같은 의미를 가집니다.
   예 Em có hay xem phim không? 너는 영화를 자주 보니?
   Chị tôi thường hay đi công tác. (내) 언니는 출장을 자주 가요.
2. 'thường'은 독립적으로 사용할 수 있지만, 'hay'나 'thường hay'는 독립 사용이 불가능합니다.

lâu lâu

'lâu lâu'는 '가끔'의 뜻을 가진 빈도 부사(thỉnh thoảng, lâu lâu, hiếm khi) 중 사용 빈도가 가장 높은 단어로, 문어체뿐만 아니라 구어체에서도 많이 사용합니다.

기본 의미

가끔

나는 가끔 해외여행을 간다.

직역 Tôi lâu lâu đi du lịch nước ngoài.

네이티브 **Lâu lâu tôi hay đi du lịch nước ngoài.**

'lâu lâu'는 '가끔'의 뜻으로, 문장 맨 앞 또는 '주어 뒤에 위치할 수 있으며, 그중에서도 문장 앞에 위치하는 경우가 많습니다. 또한, lâu lâu만 사용하는 것보다 'hay, mới, cũng' 등과 같은 단어와 함께 사용하면 더 자연스러운 표현을 만들어낼 수 있습니다. 이때 'hay, mới, cũng' 등의 해석은 생략이 가능합니다.

Giám đốc lâu lâu hay nổi giận. 사장님이 가끔 화를 내요.

Lâu lâu em cũng đi học muộn. 나는 가끔 지각도 해요.

Lâu lâu anh ấy mới đến nhà em. 그 오빠는 가끔 우리 집에 와요.

Lâu lâu gia đình tôi đến đây để ăn món Việt Nam.

우리 가족은 가끔 베트남 음식을 먹으러 여기에 와요.

03 thỉnh thoảng

⌒ MP3 051

'thỉnh thoảng'은 구어체에서는 사용 빈도가 낮지만, 문서 또는 글 등의 문어체에서는 매우 선호하는 표현입니다.

기본 의미

가끔

나는 가끔 친구를 만난다.

직역   Thỉnh thoảng tôi gặp bạn.

네이티브   **Thỉnh thoảng tôi hay gặp bạn.**

'thỉnh thoảng'은 '가끔'의 의미로 사용하는 빈도 부사입니다. thỉnh thoảng 은 문장 맨 앞 또는 주어 뒤에 위치할 수 있으며, 그중에서도 문장 앞에 위치하는 경우가 많습니다. 또한, 'lâu lâu'만 사용하는 것보다 'hay, mới, cũng' 등과 같은 단어와 함께 사용하면 더 자연스러운 표현을 만들어낼 수 있습니다. 이때 'hay, mới, cũng' 등의 해석은 생략이 가능합니다.

· 단어 활용 ·

Anh ấy thỉnh thoảng gọi điện thoại cho tôi. 그는 가끔 나에게 전화를 해요.

Thỉnh thoảng em hay đi xem phim. 저는 가끔 영화를 보러 가요.

Thỉnh thoảng Hoa thường đi ăn một mình.

화 씨는 가끔 혼자서 (밥) 먹으러 가요.

Thỉnh thoảng chị ấy đi công tác nước ngoài.

그 언니는 가끔 해외에 출장을 가요.

Tip

'thỉnh thoảng'은 독립적으로 사용이 가능한 표현입니다.

예 A: Em có thường đến đây không? 너는 여기에 자주 와?

B: Thỉnh thoảng. 가끔.

04 hiếm khi

'hiếm khi'는 'hiếm(드물다)'와 'khi(때)'가 결합하여 어떤 행동을 하는 것이 아주 드물 때 사용하는 표현입니다.

기본 의미

아주 가끔만

나는 아주 가끔만 혼밥을 먹는다.

직역   Em rất thỉnh thoảng ăn cơm một mình.

네이티브   **Hiếm khi em ăn cơm một mình.**

'hiếm khi'는 '아주 가끔만'이라는 의미로 사용하는 빈도 부사입니다. 'hiếm khi'를 직역해서 'rất(아주)'과 'thỉnh thoảng(가끔)'을 결합시켜서 표현하는 경우가 있습니다. 그러나 베트남 현지에서는 'rất thỉnh thoảng'이라는 표현을 거의 사용하지 않습니다. hiếm khi는 주어 앞(문장 맨 앞)이나 주어 바로 뒤에 위치할 수 있으며, 다른 빈도 부사보다 문장 내의 배치가 더 능동적입니다.

• 단어 활용 •

Anh ấy hiếm khi **cười.**   그는 아주 가끔만 웃어요.

Chị Hoa hiếm khi **về nhà muộn.**   화 언니는 아주 가끔만 집에 늦게 와요.

Hiếm khi **anh ấy đến đây.**   그는 아주 가끔만 여기에 와요.

Hiếm khi **em nói chuyện với bạn ấy.**   저는 아주 가끔만 그 친구하고 이야기해요.

> **Tip**
> 'hiếm khi' 대신 'ít khi'를 사용할 수 있습니다. ít khi는 'ít(적다)'와 'khi(때)'가 결합된 표현으로, hiếm khi보다 사용 빈도는 조금 높지만, 베트남 현지에서는 이 두 문장을 구분하지 않고 대체어로 사용합니다. ít khi의 문장 내 분포도 hiếm khi와 비슷합니다.
> 예 Em ít khi gặp anh ấy. = Ít khi em gặp anh ấy. 저는 그를 아주 가끔만 만나요.

đôi khi

'đôi khi'는 구어체보다 격식적 맥락 또는 글 등의 문어체에서 많이 사용하는 표현입니다.

기본 의미

때때로

때때로, 나는 거기에 간다.

직역   Đôi khi, tôi đến đó.

네이티브   **Đôi khi, tôi thường đến đó.**

'đôi khi'는 동사 앞이나 문장 맨 앞에 놓여, 해당 행동을 자주 하지 않는다는 의미로 사용합니다. đôi khi가 주어 앞에 위치하고 그 뒤에 'thường(보통)'이라는 단어가 위치하면 문맥이 더 자연스럽지만, 'thường'을 반드시 사용해야 하는 것은 아닙니다.

Đôi khi, tôi thấy cô đơn.   때때로, 나는 외로움이 느껴져요.

Đôi khi, em thấy nhớ quê hương.   때때로, 나는 고향을 그리워해요.

Đôi khi, ông hay nói chuyện ngày xưa.   때때로, 할아버지가 옛날이야기를 하세요.

Đôi khi, cô ấy thường đi du lịch một mình.   때때로, 그녀는 혼자서 여행을 가요.

> **Tip**
> 'thường' 외에 'đôi khi'를 'hay(자주)'와 함께 사용하기도 합니다. đôi khi만 사용하면 어색한 표현이 될 수 있으므로, 동사 앞에 **thường** 또는 **hay**를 위치시켜서 문맥의 흐름을 자연스럽게 연결해 줍니다. 이때의 **thường**이나 **hay**는 별도의 의미를 가지지 않습니다.

06 lúc nào cũng

'lúc nào cũng'은 문어체와 구어체에서 모두 사용하며, '언제나, 항상, 늘'의 뜻을 가진 표현 중 가장 많이 사용하는 빈도 부사입니다.

기본 의미

언제나, 항상

그는 언제나 늦게 출근한다.

네이티브 **Anh ấy lúc nào cũng đi làm muộn.**

'lúc nào cũng'은 '언제나, 항상'의 의미로 사용하며, 주어 바로 뒤에 위치합니다. 그러나 'lúc nào'와 'cũng' 사이에 '주어'를 위치시켜도 같은 의미로 표현할 수 있습니다.

· 단어 활용 ·

Lúc nào chị ấy cũng chăm chỉ. 그 언니는 언제나 열심히 해요.

Em lúc nào cũng nhớ nhà. 저는 언제나 집이 그리워요.

Công ty này lúc nào cũng làm đêm. 이 회사는 항상 야근을 해요.

Em gái tôi lúc nào cũng ăn khuya. 나의 여동생은 항상 야식을 먹어요.

> **Tip**
>
> 1. 'lúc nào cũng'은 독립적으로 사용할 수 없으므로, 뒤에 형용사 또는 동사가 위치해야 합니다.
>
> 2. 'lúc nào cũng'은 '맨날'로 해석하는 경우도 있습니다. 특히, 말할 때 'nào'를 조금 더 길게 발음하면, 불평하거나 강조할 때 쓰는 '맨날, 매번'의 의미가 더 뚜렷이 나타납니다. 같은 의미로 'suốt ngày'가 있습니다.
>
> 예 **Em lúc nào cũng đến muộn.** 너는 맨날 지각하네.
>   = **Em suốt ngày đến muộn.**

🎧 MP3 055

luôn luôn

'luôn luôn'도 'lúc nào cũng'과 마찬가지로 '언제나, 항상'의 의미로 사용하지만, 구어체보다 문어체에서 많이 사용하는 표현입니다.

기본 의미

언제나, 항상

삶은 항상 어려움이 있다.

네이티브 **Cuộc sống luôn luôn có khó khăn.**

'luôn luôn'은 주어 뒤에만 위치할 수 있습니다. luôn luôn은 구어체로 사용하기도 하지만, 주로 문어체로 사용하는 표현이며, 친구나 가족, 친한 사람끼리 이야기할 때는 이 표현을 거의 사용하지 않습니다.

· 단어 활용 ·

Vấn đề này luôn luôn xảy ra. 이 문제는 언제나 발생한다.

Bố mẹ luôn luôn yêu thương con cái. 부모님은 언제나 자식을 사랑해요.

Cô ấy luôn luôn quan tâm đến chúng tôi. 그녀는 항상 우리에게 관심이 있다.

Điều này luôn luôn làm tôi phải suy nghĩ. 이것은 항상 나를 생각하게 만든다.

Tip

'luôn luôn'을 'luôn'으로 대체해서 사용할 수도 있습니다. 그러나 'luôn'은 주어 뒤와 동사 앞에 위치할 경우에만 같은 의미로 사용할 수 있습니다. 다른 위치에 놓일 경우에는 다른 의미로 풀이되므로, 문맥을 잘 파악해서 사용해야 합니다.

🔲 Anh ấy luôn nói dối. 그는 항상 거짓말을 한다.

→ Anh ấy nói dối luôn. 그는 거짓말까지 했다.

08 hầu như không

'hầu như không'은 'hầu như(거의)'와 부정형 'không'이 결합하여 '거의 ~하지 않다' 라는 의미로 사용하는 빈도 부사입니다.

기본 의미

**거의
~하지 않다**

요즘, 나는 그를 거의 보지 않는다.

네이티브 **Dạo này, tôi hầu như không gặp anh ấy.**

어떤 행동을 조금밖에 안 하거나 하는 빈도가 아주 낮을 때 '거의 ~하지 않다' 라는 의미로 'hầu như không'을 사용합니다. 'hầu như'와 'không' 사이에 '주 어'를 위치시켜도 같은 의미로 사용할 수 있지만, 하나의 빈도 부사로 묶어서 사용할 경우에는 반드시 주어 뒤에 이 문형이 위치해야 합니다. 베트남 현지에서는 친한 사이끼리 대화할 때 '거의 ~하지 않다'라는 표현 대신, '조금밖에 ~, 조금만' 등과 같은 표현을 사용합니다. 그럼에도 불구하고 'hầu như không'은 다른 맥락에서 자주 사용하는 표현입니다.

 단어 활용

Cô ấy hầu như không ăn gì. 그녀는 거의 아무것도 먹지 않았어요.

Em ấy hầu như không quan tâm. 그 동생은 거의 관심이 없어요.

Mọi người hầu như không nghe cô ấy nói.

사람들은 그녀의 말을 거의 듣지 않아요.

Hầu như anh ấy không nói gì. 그는 거의 아무것도 말하지 않았어요.

Tip
'관심 없다'는 표현에서 '관심(sự quan tâm)'과 '없다(không có)'를 분리 해석하여 'không có sự quan tâm'이라고 표현하는 경우가 있습니다. 그러나 베트남 현지에서는 이런 표현을 잘 사용하지 않습니다. 'quan tâm'은 '신경 쓰다, 관심 있다' 라는 의미로 사용할 수 있는 동사이므로, 'không quan tâm(관심하지 않다)'으로 표현합니다.

09

không bao giờ

부정형 'không'과 'bao giờ(언제)'가 결합해서 '결코 ~하지 않다'의 의미로 주로 사용하고, '절대로'라는 의미로도 사용합니다.

기본 의미

không bao giờ
결코
~하지 않다

> 나는 결코 거짓말을 하지 않는다.
>
> 네이티브 **Tôi không bao giờ nói dối.**

'không bao giờ'는 어떤 행동을 결코 하지 않을 때 '결코 ~하지 않다'라는 뜻으로 사용하는 강한 부정의 빈도 부사입니다. 'hầu như không'과 달리 **không bao giờ** 사이에는 어떤 문형도 위치할 수 없습니다.

다양한 의미

không bao giờ ①
절대로

> 그는 절대로 알지 못할 것이다. / 그는 절대로 모를 것이다.
>
> 네이티브 **Anh ấy sẽ không bao giờ biết.**

'không bao giờ' 앞에 미래시제나 의지를 나타내는 표현인 'sẽ'가 위치하는 경우, '절대로'라는 뜻으로 해석하며 영어의 'never'와 같은 의미를 가집니다. **không bao giờ** 뒤에 동사가 올 경우에는 '그 행동을 전혀 ~하지 않다'라는 의미로 표현할 수 있습니다. 이런 경우에는 **không bao giờ**가 문장 맨 앞이나 주어 앞에 위치할 수 없습니다.

잠깐만요!

'bao giờ'는 'khi nào'와 유의어이므로 'không bao giờ'를 'không khi nào'로 대체해서 사용할 수 있습니다.

예 **Em không bao giờ ăn khuya. = Em không khi nào ăn khuya.**
저는 결코 야식을 먹지 않아요.

생활 속 다양한 단어 활용

· 단어 활용 ·

결코 ~하지 않다

Chị không bao giờ hiểu em. 언니는 전혀(결코) 나를 이해하지 않아요(못해요).

Minho không bao giờ trễ hẹn. 민호 씨는 결코 약속 시간을 어기지 않아요.

Anh ấy không bao giờ đến đây. 그는 결코 여기에 오지 않아요.

Cô Lee không bao giờ quên cho học sinh bài tập.

이 선생님은 학생들에게 숙제 내주는 것을 결코 잊지 않아요.

Không bao giờ em đến muộn. 저는 결코 늦게 오지 않아요.

> **Tip**
> 'không bao giờ'는 과거시제와 어울리지 않습니다.
> 예 **Tôi đã** không bao giờ **ăn món này.** 나는 결코 이 음식을 먹지 않았다. (✕)

· 다양한 의미 ·

절대로 ①

Tôi sẽ không bao giờ từ bỏ. 나는 절대로 포기하지 않을 거예요.

Chị ấy sẽ không bao giờ yêu anh. 그 언니는 오빠를 절대로 사랑하지 않을 거예요.

Cô ấy sẽ không bao giờ tha thứ cho anh.

그녀는 오빠를 절대로 용서해주지 않을 거예요.

Chúng tôi sẽ không bao giờ tin anh nữa.

우리는 절대로 당신을 다시 믿지 않을 거예요.

Em sẽ không bao giờ nói cho người khác.

저는 절대로 다른 사람에게 말하지 않을 거예요.

접속 부사란, 앞의 문장과 뒤의 문장을 이어 주면서 뒤의 말을 꾸며 주는 부사를 말합니다. 접속 부사는 문장의 앞에 위치하며, 대문자로 시작하는 것이 일반적입니다. 그러나 접속 부사 중에는 두 문장 또는 두 절을 하나로 합칠 때 사용할 수 있는 부사도 있습니다.

접속 부사

📖 단어 미리 보기 •

1.	**Cho nên**	4.	**Ngoài ra**	6.	**Tại vì**
2.	**Hơn nữa**	5.	**Nhưng mà**	7.	**Tóm lại**
3.	**Mặt khác**				

Cho nên

MP3 058

'Cho nên'은 앞의 문장과 뒤에 오는 문장을 이어주는 역할을 하는 접속 부사입니다. 문어체뿐만 아니라 구어체에서도 많이 사용합니다.

기본 의미

그래서

오늘 나는 바쁘다. 그래서 나는 형과 같이 못 간다.

네이티브 **Hôm nay tôi bận. Cho nên tôi không thể đi với anh.**

'Cho nên'은 '그래서'라는 의미로, 어떤 원인이나 이유로 인해 생긴 결과를 나타내는 문장 또는 구절과 결합합니다. Cho nên이 들어가 있는 문장 앞에는 원인이나 이유를 나타내는 문장이 오며, 두 문장을 하나로 합칠 때 연결어미처럼 사용할 수도 있습니다.

단어 활용

Hôm nay trời mưa. Cho nên tôi ở nhà. 오늘은 비가 와요. 그래서 나는 집에 있어요.

Anh ấy rất tốt bụng. Cho nên mọi người rất thích anh ấy.

그는 마음씨가 아주 좋아요. 그래서 사람들이 그를 아주 좋아해요.

Dạo này em bận quá cho nên không gặp chị được.

저는 요즘 너무 바빠서 언니를 못 만나네요.

Tip

1. 구어체에서는 'cho nên' 뒤에 'là'를 붙여 사용하는 경우가 많습니다. 단지 발음의 흐름을 자연스럽게 하기 위함이므로 là는 특별한 의미를 가지지 않습니다.

   예 **Anh ấy dậy muộn. Cho nên là đến muộn.**

   그 형은 늦게 일어났어요. 그래서 늦게 왔죠.

2. 앞의 문장과 뒤에 오는 문장을 연결해 주는 표현일 경우에 'cho nên' 대신 'nên'을 사용할 수 있습니다. 그러나 각각 다른 문장을 의미상으로 연결하는 경우에는 nên을 사용할 수 없습니다.

   예 **Trời mưa cho nên em ở nhà. = Trời mưa nên em ở nhà.**

   비가 와서 저는 집에 있어요.

3. 'Cho nên'과 비슷한 표현으로 'Thế nên, Vậy nên, Vì thế, Vì vậy' 등이 있습니다. 하지만 Cho nên만 문장 중간에 올 수 있다는 특징이 있습니다.

Hơn nữa

🎧 MP3 059

'Hơn nữa'는 앞에서 언급한 문장을 연결해주는 역할을 하는 접속 부사입니다.

기본 의미

또한

나는 시간이 없다. 또한, 이 문제에 대해 관심도 없다.

네이티브 **Tôi không có thời gian. Hơn nữa, tôi cũng không quan tâm đến vấn để này.**

'Hơn nữa'는 앞에서 언급한 내용 이외에 추가로 언급할 내용 앞에 와서 두 내용을 의미적으로 연결해 주는 역할을 합니다. 문장 또는 단락 맨 앞에만 위치할 수 있으며, 주로 문어체에서 많이 사용하는 표현입니다.

Đây là vấn để phức tạp. Hơn nữa, chúng tôi cũng cần nhiều thời gian. 이것은 복잡한 문제입니다. 또한, 우리도 시간이 많이 필요합니다.

Hàn Quốc là một nước phát triển. Hơn nữa, Hàn Quốc còn là một trung tâm văn hóa ở châu Á.

한국은 선진국이다. 또한, 한국은 아시아에서 문화 중심지의 하나이다.

Tip 'Hơn nữa'와 같은 의미로 구어체에서 많이 사용하는 표현으로는 'với cả'와 'với lại' 등이 있습니다. 북쪽 지역에서는 *với cả*, 남쪽 지역에서는 *với lại*를 주로 사용합니다. 하지만 이와 같은 표현은 구어체에서만 사용이 가능하다는 점에 주의해야 합니다. 문서 등을 작성할 때는 **Hơn nữa**가 적합합니다.

Mặt khác

'mặt(면)'과 'khác(다른)'이 결합하여 '다른 면으로, 한편'이라는 의미로 문어체에서 많이 사용합니다.

기본 의미

한편

이 회사는 생산사입니다. 한편, 이 회사는 화장품 수출도 합니다.

네이티브 **Công ty này là công ty sản xuất.**
Mặt khác, công ty này còn xuất khẩu mỹ phẩm.

'Mặt khác'은 문서 또는 발표 등에서 유용하게 쓰이는 접속 부사입니다. 보통, 문장 앞에 놓여 전에 언급한 내용과 다른 측면을 언급하거나 추가로 어떤 내용을 언급할 때 사용합니다. Mặt khác과 같은 표현으로 'còn'과 'cũng'이 있습니다.

· 단어 활용 ·

Thuốc lá ảnh hưởng xấu đến sức khỏe. Mặt khác, nó còn gây ô nhiễm môi trường.

담배는 건강에 나쁜 영향을 준다. 한편, 그것은 환경 오염을 일으키기도 한다.

Chúng tôi đang triển khai dự án trong nước. Mặt khác, chúng tôi cũng đầu tư ở nước ngoài.

우리는 국내 프로젝트를 진행하고 있습니다. 한편, 우리는 해외에 투자하기도 합니다.

Tip 'mặt khác'이 문장 중간에 위치해서 앞과 뒤의 문장을 연결하는 역할을 할 경우에는 'nhưng(하지만)'과 같은 연결어와 함께 쓰이거나 '쉼표'로 구분해 줍니다.

예 Nội dung rất quan trọng nhưng mặt khác cũng cần chú ý đến hình thức.
내용은 아주 중요하지만, 한편으로는 형식에도 주의해야 한다.

Ngoài ra

'Ngoài ra'는 주로 문어체에서 많이 사용하지만, 발표 또는 고객 상담 등에서도 자주 사용하는 접속 부사입니다.

기본 의미

그 외에

이 상품은 세일 중이다. 그 외에 증정품도 있다.

네이티브 **Sản phẩm này đang sale. Ngoài ra còn có hàng tặng kèm.**

'Ngoài ra'는 '그 외에, 그밖에'라는 의미이며, 문장 맨 앞에 위치합니다. 보통, 'còn' 또는 'cũng'과 함께 사용하며, '그 외에 ~이 있다/~도 있다'라는 의미로 해석할 수 있습니다.

 · 단어 활용 ·

Ngoài ra công ty em cũng cung cấp dịch vụ khách hàng.

그 외에 우리 회사는 고객 서비스도 제공합니다.

Đây là một thử thách. Ngoài ra đây cũng là một cơ hội.

이것은 하나의 도전이다. 그 외에 이것은 기회이기도 하다.

Em đang học tiếng Việt. Ngoài ra em cũng học tiếng Anh và tiếng Nhật. 저는 베트남어를 배우고 있어요. 그 외에 영어와 일본어도 배웁니다.

> **Tip**
> 'Ngoài ra'는 기본적으로 「A. Ngoài ra B(A이다. 그 외에 B)」의 구조를 가지지만, 'A 외에 B'처럼 한 문장으로 사용해야 하는 경우에는 「Ngoài A ra B」의 구조로 표현해야 합니다.
> 예 이곳 외에 우리는 다른 곳도 갈 예정이다.
> Ngoài ra nơi này, chúng tôi cũng sẽ đi nơi khác. (✕)
> Ngoài nơi này ra, chúng tôi cũng sẽ đi nơi khác. (○)

Nhưng mà

MP3 062

주로 '하지만'의 의미로 사용하는 접속 부사 'Nhưng mà'는 '그런데'라는 의미로도 사용합니다.

기본 의미

Nhưng mà
하지만

> 나는 그를 좋아한다. 하지만 그는 나를 안 좋아한다.
>
> 네이티브 **Em thích anh ấy. Nhưng mà anh ấy không thích em.**

'Nhưng mà'는 문장의 맨 앞에 위치하며, 앞과 뒤의 반대되는 문장에서 '하지만'의 뜻으로 사용하는 접속 부사입니다. Nhưng mà의 대체어로 'Nhưng(하지만)'을 사용할 수 있지만, 베트남 현지에서는 Nhưng mà를 더 많이 사용합니다.

다양한 의미

Nhưng mà ①
그런데

> 전화했다. 그런데 아무도 안 받았다.
>
> 네이티브 **Tôi đã gọi điện thoại. Nhưng mà không ai bắt máy.**

'Nhưng mà'는 앞과 뒤 문장이 서로 반대되는 의미가 아닌 경우에도 사용할 수 있습니다. 앞에서 어떤 내용을 제시하고 그와 관련해서 다른 내용을 추가로 언급하거나 화제 전환을 할 때, '그런데'라는 의미로 사용합니다.

 잠깐만요!

'nhưng'과 'mà'는 서로 의미가 비슷한 표현이므로, 따로 사용하는 경우도 있습니다. 구어체에서는 nhưng보다 'nhưng mà' 또는 mà를 사용하는 경우가 더 많습니다.

예 Em nói rồi. Mà anh ấy không nghe.
　　저는 말했어요. 그런데 그는 안 들었어요.

생활 속 다양한 단어 활용

· 단어 활용 ·

하지만

Cái áo này đẹp. Nhưng mà đắt quá. 이 옷이 예뻐요. 하지만 너무 비싸요.

Hôm qua tôi rảnh. Nhưng mà hôm nay tôi bận.

나는 어제 한가했어요. 하지만 오늘은 바빠요.

Cô ấy không đẹp. Nhưng mà cô ấy thông minh.

그녀는 예쁘지 않아요. 하지만 그녀는 똑똑해요.

> **Tip**
> 'nhưng mà'는 두 문장을 합쳐서, 문장 중간에 놓일 수도 있습니다.
>
> 📌 Em cao nhưng mà chị của em không cao.
> 저는 키가 크지만, 제 언니는 키가 크지 않아요.

· 다양한 의미 ·

그런데 ①

Em muốn đi du lịch. Nhưng mà em chưa biết đi đâu.

저는 여행 가고 싶어요. 그런데 어디로 갈지 아직 모르겠어요.　　　　　　　　[추가 언급]

Nhưng mà chị biết chỗ này không? 그런데 언니는 이곳을 알아요? [화제 전환]

Bài hát này hay quá. Nhưng mà chị có thích nghe nhạc không?

이 노래는 좋네요. 그런데 언니는 음악 듣는 것을 좋아해요?　　　　　　　[화제 전환]

> **Tip**
> 1. 앞 문장에서 말한 내용에서 추가로 다른 내용을 언급할 때, 'Nhưng mà' 대신 'Nhưng'으로 바꿔서 사용할 수 있으며, 두 문장을 합쳐서 사용할 수도 있습니다.
>
>   📌 Cuối tuần này em rảnh nhưng chưa biết làm gì.
>   저는 이번 주말에 한가하지만, 무엇을 할지 아직 모르겠어요.
>
> 2. 화제를 전환할 때 사용하는 'Nhưng mà'는 'Nhưng'으로 바꿔서 사용할 수 없으며, 두 문장을 합칠 수도 없습니다.

Tại vì

'Tại vì'는 구어체에서 많이 사용하며, 원인이나 이유가 나타나는 문장 맨 앞에 위치해서, 뒤에 오는 내용이 '원인' 또는 '이유'라는 것을 보여줍니다.

기본 의미

왜냐하면

나는 양파를 안 먹는다. 왜냐하면 양파를 안 좋아하기 때문이다.

네이티브 **Em không ăn hành tây. Tại vì em không thích hành tây.**

'Tại vì'는 '왜냐하면'이란 뜻으로 결과에 대한 문장 뒤에 오는 '원인 및 이유'가 나타나는 문장 맨 앞에 위치합니다. Tại vì가 결과에 대한 문장 앞에 위치할 경우에는 뒤에 오는 원인 및 이유에 대한 문장 앞에 'Cho nên(그래서)'을 넣어서 앞의 문장을 연결해 주어야 합니다. 이때 결과 앞에 나오는 Tại vì는 해석 생략이 가능합니다.

Ngày mai em không rảnh. Tại vì em phải đi học.

저는 내일 한가하지 않아요. 왜냐하면 공부하러 가야 하기 때문이에요.

Tại vì trời nóng. Cho nên người Việt Nam thích uống đá.

(왜냐하면) 날씨가 더워요. 그래서 베트남 사람들이 얼음물을 좋아해요.

Tại vì em không thích anh ấy. Cho nên em không gặp anh ấy.

(왜냐하면) 저는 그를 안 좋아해요. 그래서 그를 안 만나요.

> **Tip**
> 1. '왜냐하면'이라는 의미를 가진 표현으로는 'Bởi vì, Vì' 등이 있습니다. 그러나 사용 빈도는 'Tại vì'가 가장 높습니다.
> 2. 'Tại vì'가 문장 중간에 위치할 경우에는, 「결과+tại vì+원인 및 이유」의 구조 형태로 표현할 수 있습니다.
>   예 Em không đến được tại vì em bận. 저는 바빠서 못 가요.

07 Tóm lại

'Tóm lại'는 위에서 했던 내용을 다시 정리하거나 이에 대한 결론을 내릴 때 사용하는 접속 부사입니다. 문어체뿐만 아니라 구어체에서도 많이 사용합니다.

기본 의미

**한마디로,
요약하자면,
다시 말하자면**

한마디로, 나는 나중에 다시 연락할게.

네이티브 **Tóm lại, tôi sẽ liên lạc lại sau.**

'Tóm lại'는 앞에서 했던 내용을 다시 정리하거나 이에 대한 결론을 내릴 때 '다시 말하자면, 요약하자면, 한마디로'라는 의미로 사용하는 접속 부사입니다. 문장 맨 앞에 위치하며, 그 앞에는 한 문장이 올 수도 있고 여러 가지 내용이 나온 단락이 올 수도 있습니다.

• 단어 활용 •

Tóm lại, anh đừng để ý. 한마디로, 신경 쓰지 마세요.

Tóm lại, anh có đến không? 한마디로, 올 거예요?

Tóm lại, có 3 yếu tố quan trọng. 요약하자면, 중요한 요소는 3가지가 있습니다.

Tóm lại, đây không phải là vấn đề đơn giản.

다시 말하자면, 이것은 간단한 문제가 아닙니다.

> **Tip**
> 'Tóm lại'는 'Nói chung'으로 바꿔서 사용할 수도 있습니다. Nói chung도 구어체에서 사용 빈도가 높은 표현입니다.
>
> 예 Nói chung, ngày mai em không đi được. 한마디로, 저는 내일 못 가요.

전치사란, 명사나 대명사 또는 명사구 앞에 놓여 다른 품사와의 문법적
관계를 나타내는 품사를 말합니다. 영어에서 in, of, on, for 등이 이에 해
당합니다. 베트남어에는 전치사의 개념이 없습니다. 그러나 영어의 전치
사와 같은 역할을 하는 단어들이 있습니다.

전치사 역할을
하는 **단어**

📖 단어 미리 보기 •

1.	**cạnh**	4.	**ngoài**	7.	**trong**
2.	**dưới**	5.	**sau**	8.	**trước**
3.	**giữa**	6.	**trên**		

01

cạnh

🎧 MP3 065

'cạnh'은 뒤에 어떤 '장소, 위치, 사람, 사물' 등이 위치하며, '~ 옆에'라는 의미로 전치사 역할을 합니다. 심리적, 공간적인 표현에서는 '곁에'로 해석할 수 있습니다.

기본 의미

cạnh
옆에

> 우리 집 옆에 카페가 있다.
>
> 네이티브 **Cạnh nhà chúng tôi có quán cà phê.**

'cạnh'은 위치를 가리키는 명사 앞과 동사 뒤에 위치하며, '~ 옆에'라는 의미를 가지고 있습니다. cạnh이 문장 앞에 오는 경우에는 추가 용어가 오지 않아도 되지만, 문장 앞에 주어가 오고 cạnh이 서술어에 속하는 경우에는 cạnh 앞에 'ở(~에 있다), nằm(누워 있다/위치하다)' 등과 같은 동사가 오는 것이 일반적입니다. 또한, cạnh 앞에 'bên(쪽)'을 붙여 'bên cạnh'으로 사용하는 경우도 많습니다.

다양한 의미

cạnh ①
곁에

> 내 곁에 아무도 없다.
>
> 네이티브 **Bên cạnh tôi không có ai.**

'cạnh'은 어떤 대상의 공간적, 심리적으로 가까운 곳를 가리켜서 '~ 곁에'라는 의미로 사용할 수 있습니다. cạnh 뒤에는 유정물을 지칭하는 명사만이 올 수 있습니다.

* 유의어 : bên cạnh

잠깐만요!

* 가장자리, 모퉁이

'cạnh'은 명사로 쓰일 때, 테이블이나 옷장, 신발장 등과 같은 두 면이 접촉하는 선을 가리키는 말로 '가장자리, 모퉁이, 면'과 같은 의미로 사용하기도 합니다.

예 Chân va vào cạnh bàn nên chảy máu. 발이 책상의 가장자리와 부딪쳐서 피가 났어요.

생활 속 다양한 단어 활용

· 단어 활용 ·

옆에

Tôi đứng cạnh cô ấy. 나는 그녀 옆에 서 있어요.

Ai đang ở cạnh anh? 누가 오빠 옆에 있어요?

Cạnh công ty có công viên. 회사 옆에 공원이 있어요.

Đây là Hoa. Cạnh Hoa là Minho.

여기는 (이분은) 화 씨예요. 화 씨 옆에는 민호 씨예요.

> **Tip**
> 남부 지역에서는 'cạnh' 대신 'kế'라는 말을 더 많이 사용합니다. 그러나 'bên cạnh'은 사용이 가능하지만, 'bên kế'는 'kế bên'으로 바꿔서 사용해야 합니다.
>
> 예 Cô ấy sống ở kế (bên) nhà tôi. = Cô ấy sống ở (bên) cạnh nhà tôi.
> 그녀는 나의 집 옆에서 산다.

· 다양한 의미 ·

곁에 ①

Cảm ơn đã ở cạnh em. 제 곁에 있어줘서 고마워요.

Gia đình luôn ở bên cạnh chúng ta. 가족은 늘 우리 곁에 있어요.

Bạn bè ở bên cạnh ủng hộ tôi. 친구들이 곁에서 나를 응원해 줘요.

Anh ấy đã ở bên cạnh, chăm sóc tôi. 그는 내 곁에서, 나를 돌봐줬어요.

> **Tip**
> * 'cạnh'을 사용할 수 없는 경우
> 그는 내 곁을 떠났다. → Anh ấy đã rời khỏi cạnh tôi. (×)
> 네 곁을 지켜줄게. → Anh sẽ bảo vệ cạnh em. (×)
>
> 예문의 경우, '떠나는 것, 지키는 것'은 그 대상이지 그 대상과 가까운 위치가 아니기 때문에 'cạnh'의 표현을 사용할 수 없습니다.

dưới

주로 '아래에, 밑에'의 의미로 사용하는 'dưới'는 '이하, 미만'이라는 의미로도 사용합니다.

기본 의미

dưới
아래에, 밑에

고양이가 책상 아래에 누워 있다.

네이티브 **Con mèo nằm dưới bàn.**

'dưới'는 뒤에 어떤 '장소, 사물, 사람의 신체' 등을 가리키는 명사가 오며, 그 대상의 '아래, 밑에'를 의미합니다. 예를 들어 'A가 B 아래에 있다'라고 한다면, A가 B보다 크기가 비슷하거나 작아야 합니다. 즉, '고양이가 책상 아래에 있다'라고 할 때, 고양이가 책상에 비해 작아야 합니다. '책상 위에 책이 있다'고는 할 수 있지만, '책상이 책 아래에 있다'라고 할 수 없는 것과 마찬가지입니다. 또한, 화자의 현재 위치보다 밑에 있는 위치일 때도 dưới를 사용합니다. 예를 들어 화자가 10층에 산다면 그 아래층을 말할 때 '집 아래에'라고 표현할 수 있습니다.

다양한 의미

dưới ①
미만, 이하

18세 미만 청소년 금지

직역 Cấm thanh thiếu niên dưới 18 tuổi.

네이티브 **Cấm trẻ em dưới 18 tuổi.**

'dưới'는 금액, 수량, 나이, 온도 등 '숫자'가 뒤에 올 때, '이하' 또는 '미만'으로 해석합니다. '18세 미만 청소년 금지'에서 '청소년'을 직역해서 'thanh thiếu niên'으로 표현하는 경우가 있습니다. 그러나 베트남 현지에서는 '18세 미만'은 어린이라고 생각하기 때문에 'trẻ em(어린이)'이라고 합니다. 또한, 한국어에서는 '이하, 미만'을 말할 때 기준이 되는 일정한 수의 포함 유/무에 따라서 사용이 달라지지만, 베트남어에서는 별도의 구분 없이 사용하므로 문맥을 잘 파악하며 해석해야 합니다.

dưới ②
다음

다음은 자세한 정보입니다.

네이티브 **Dưới đây là thông tin chi tiết.**

'dưới'는 어떤 문서나 글에서 다음의 내용, 또는 아래의 내용을 지시할 때도 사용합니다. 이때 dưới는 'bên dưới' 또는 'dưới đây'의 형태로 사용할 수 있습니다. 이 외에 다른 상황에서 사용하는 '다음'의 의미로는 dưới를 사용할 수 없습니다.

생활 속 다양한 **단어** 활용

아래에, 밑에

Dưới nhà có quán cà phê.
집 아래에 카페가 있어요.
[카페가 아래층에 있는 경우]

Dưới sàn có 1 quyển sách.
바닥에 책 한 권이 있어요.
[화자가 바닥보다 높은 위치에 있는 경우]

Điện thoại ở dưới laptop. 핸드폰이 노트북 밑에 있어요.

미만, 이하 ①

Dưới 2 người thì không thể làm được. 2명 미만이면 할 수 없어요.

Điện thoại thông minh có giá dưới 10 triệu đồng.
스마트폰인데 가격은 1천만 동 미만입니다.

Nhiệt độ ngày mai là dưới 20 độ. 내일의 온도는 20℃ 이하입니다.

Em chỉ mua túi xách dưới 2 triệu đồng.
저는 2백만 동 이하인 가방만 삽니다.

다음 ②

Dưới đây là những lưu ý. 다음은 주의사항입니다.

Dưới đây là danh mục sản phẩm. 다음은 상품 리스트입니다.

Xem thêm thông tin bên dưới. 다음에서 더 많은 정보를 보세요.

MP3 067

giữa

'giữa'는 위치를 말할 때 '~ 가운데, ~ 사이'의 의미로 사용하지만, 사람과 사람의 관계(사이)를 의미하는 경우도 있습니다.

기본 의미

**가운데,
사이**

방 가운데에 책상 한 개가 있다.

네이티브 **Giữa phòng có 1 cái bàn.**

'giữa'는 어떤 공간의 중심 위치나 두 사람, 사물 사이의 중심 위치를 나타낼 때 '가운데, 사이'라는 의미를 나타냅니다. 베트남어에서는 '가운데'와 '사이'를 따로 구분하지 않고 모두 'giữa'로 표현합니다. 어순에 있어서 예문처럼 '방 가운데'라고 해석하지만, 베트남어는 '가운데 방'의 순서로 표현해야 합니다. 'A와 B 사이에'라고 할 때도 마찬가지로 '사이 A와 B'의 순서로 표현해야 합니다.

· 단어 활용 ·

Con mèo đang nằm giữa phòng khách. 고양이는 거실 가운데에 누워 있어요.

Bãi đậu xe ở giữa siêu thị và công viên. 주차장은 마트와 공원 사이에 있어요.

Nam đứng giữa cô Lee và Minho. 남 씨는 이 선생님과 민호 씨 사이에 서 있어요.

Giữa em và anh không còn gì để nói. 저와 오빠 사이에는 더 이상 할 말이 없어요.

Tip

'사이'라는 의미로 사용할 때, 'A와 B'가 동일한 경우에는 숫자나 복수형을 사용해서 표현합니다.

예 Giữa 2 tòa nhà có một con hẻm. 두 건물 사이에 한 골목이 있어요.
　 Giữa chúng ta không còn gì để nói. 우리 사이에는 더 이상 할 말이 없어요.

ngoài

🎧 MP3 068

ngoài'는 위치를 말할 때 '밖에'의 뜻으로 사용하지만, '제외의 의미'로 사용하는 경우도 있습니다.

기본 의미

**밖에,
제외의 의미**

그는 지금 밖에 있다.

직역 Anh ấy bây giờ ở ngoài.

네이티브 **Anh ấy bây giờ đang ở ngoài.**

'ngoài'는 어떤 대상의 위치를 표현할 때 '~ 밖에'라는 의미를 가진 표현입니다. 주로 베트남 현지에서는 어떤 대상의 현재 위치를 말할 때, 현재진행시제를 표시해주는 단어인 'đang'과 결합해서 표현합니다. 그리고 대상의 위치와 상관없이 '제외의 의미'로 ngoài를 사용하는 경우도 많습니다.

* 유의어 : bên ngoài

• 단어 활용 •

Bên ngoài trời đang mưa. 밖에 비가 오고 있어요.

Bên ngoài tòa nhà có bãi đậu xe. 건물 밖에 주차장이 있어요.

Ngoài em, anh không quan tâm. 너를 제외하고/너밖에, 나는 관심이 없어.

Tôi không yêu ai ngoài cô ấy. 나는 그녀를 제외하고 누구도 사랑하지 않아요.

> **Tip**
> 1. 화자 또는 청자의 위치가 바깥쪽에 있을 때, 장소 앞에 'ngoài'가 옵니다. 이때는 해당 장소의 바깥쪽이 아니라 화자 또는 청자의 위치에 비해 그 장소가 바깥쪽에 있다는 것을 보여주는 것입니다.
>   예 Em đang ở ngoài sân. 저는 (지금) 마당에 있어요.
>   (화자가 마당에 있는데 해당 위치가 청자에게는 바깥쪽인 경우)
> 2. 지도상의 위치를 나타내는 경우에는 화자 및 청자의 위치와 상관없이, 'ngoài'와 'trong'으로 표현합니다. 중부 지역을 기준으로 북쪽은 'ngoài', 남쪽은 'trong'의 표현을 많이 사용합니다. 즉, 하노이는 북쪽에 있으므로 하노이에 있을 때는 'ngoài Hà Nội'라고 하고, 호찌민 시는 남쪽에 있으므로 호찌민에 있을 때는 'trong Thành phố Hồ Chí Minh'으로 표현합니다.

sau

'sau'는 어떤 대상의 뒤쪽에 있는 '위치' 또는 '시간의 순서'를 말할 때 '뒤, 후, 이후'라는 의미로 전치사 역할을 합니다.

기본 의미

sau
(위치)
뒤

내 집 뒤에는 카페가 있다.

네이티브 **Sau nhà tôi có quán cà phê.**

'sau'는 장소를 가리키는 대상 앞에 위치해서 '～ 뒤'라는 의미로 사용합니다. sau는 다른 전치사 역할을 하는 단어와 달리 'bên'이라는 말과 결합하지 못하고 'đằng'이나 'phía'라는 말과 결합합니다. đằng과 phía는 방향을 가리키는 표현이며, '～쪽'을 의미합니다. 베트남 현지에서는 'sau(뒤)'만 사용하는 경우도 있고 '뒤쪽'의 의미로 'đằng sau' 또는 'phía sau'라고 표현하는 경우도 많습니다.

다양한 의미

sau ①
(시간)
이후, 후, 뒤

2시 이후에 나는 집에 없다.

네이티브 **Sau 2 giờ tôi không có nhà.**

'sau'는 위치 외에 시간이나 순서와 관련된 표현과 결합해서 사용하기도 합니다. 시간과 결합할 때는 어순이 매우 중요합니다. sau가 시간을 나타내는 말 앞과 뒤의 위치에 따라서 의미가 달라지기 때문입니다. 시간 앞에 위치할 경우에는 '～ 뒤에(after)'로 해석하며, 뒤에 위치할 경우에는 '～ 후에(later)'로 해석할 수 있습니다.

sau ②
나중에

나는 나중에 오빠에게 전화할 것이다.

네이티브 **Em sẽ gọi điện thoại cho anh sau.**

'sau'는 동사나 동사절 뒤에 와서 '나중에'라는 의미로 사용하는 경우도 있습니다. 예문과 같이, 동사 'gọi' 뒤에 목적어와 대상자가 있는 경우에는 sau가 맨 마지막에 위치합니다. 그러나 동사만 있는 경우에는 동사 뒤에 바로 올 수 있습니다.

생활 속 다양한 단어 활용

(위치) 뒤

Phía sau một cô gái 한 여자 뒤(에서) [노래 제목]

Minho ngồi sau tôi. 민호는 내 뒤에 앉아 있어요.

Điện thoại ở sau quyển sách. 핸드폰은 책 뒤에 있어요.

Nhà vệ sinh ở phía sau. 화장실은 뒤쪽에 있어요.

(시간) 이후, 후, 뒤 ①

Không nên ăn sau 11 giờ đêm. 밤 11시 이후 먹는 것은 좋지 않아요.

Sau 2 tháng, em đã giảm 4kg. 2개월 후에, 나는 (살이) 4kg 빠졌어요.

Tôi thường ăn hoa quả sau bữa ăn tối. 나는 저녁 식사 후에 과일을 자주 먹어요.

2 tháng sau gặp lại. 2개월 뒤에 다시 만나요.

> **Tip**
> 'sau'는 동사와 바로 결합할 수 없기 때문에, '먹은 후, 만난 후' 등처럼 사용할 수 없습니다. 대신, 'sau khi'라는 표현으로 바꿔서 사용합니다.
> 예 Sau khi ăn tối, em đã xem Tivi. 저녁을 먹은 후, 저는 텔레비전을 봤어요.

나중에 ②

Em đang bận, nói chuyện sau! 저는 지금 바쁜데, 나중에 얘기해요!

Ăn cái này trước, ăn cái này sau. 이것은 먼저 먹고, 이것은 나중에 먹어요.

Hôm nay anh không có thời gian. Gặp em sau!

오늘은 내가 시간이 없어. 나중에 (너를) 봐!

trên

 ∩ MP3 070

주로 어떤 대상을 기준으로 위쪽의 위치를 가리키는 'trên'은 금액 또는 수량 '이상'이라는 의미로도 사용합니다.

기본 의미

trên
위에

책이 책상 위에 있다.

직역   Sách có trên bàn.

네이티브   **Sách ở trên bàn.**

'명사' 앞에 오며 그 대상의 '위'라는 의미로 사용하는 'trên'은 무엇의 위쪽인지 그 기준을 가진 대상이 있어야 합니다. 예문과 같이 '책이 위에 있다'라고 할 때, '책상'의 위치를 기준으로 해야 합니다. 'có'는 '있다'의 뜻을 가지고 있지만, '~에 있다'처럼 어떤 대상의 위치를 말할 때는 'ở'를 사용합니다.

* 반의어 : dưới 아래

다양한 의미

trên ①
~ 이상

이번 달의 매출은 10억 이상이다.

네이티브   **Doanh thu của tháng này trên 1 tỷ.**

'trên'은 '금액, 수량, 나이, 온도' 등의 숫자 앞에 위치하며, '~ 이상'으로 해석할 수 있습니다.

 잠깐만요!

주로 'trên' 뒤에는 기준이 되는 대상이 오지만, 항상 그 대상의 '위쪽'으로만 해석하는 것은 아닙니다. 예를 들어, 베트남에서 '하늘'을 표현할 때는 'trên trời'라고 합니다. 직역하면 '하늘의 위쪽'이지만, 하늘은 항상 사람의 위쪽에 있기 때문에 기본적으로 trên과 결합하여 하나의 어휘로 사용하고 있습니다.

예 trên tường 벽에   trên đường 길에   trên báo 신문에
    trên mạng 인터넷에   trên Tivi 텔레비전에   trên đời 세상에

생활 속 다양한 단어 활용

· 단어 활용 ·

위에

Con mèo nằm trên ghế. 고양이가 의자 위에 누워 있어요.

Em đang nằm trên giường. 저는 침대 위에 누워 있어요.

Trên mặt anh có gì kìa! 오빠 얼굴(위)에 무엇이 있어요!

Trên tay em có 1 vết sẹo. 내 손에 (위에) 흉터 하나가 있어요.

Trên biển có 1 con thuyền. 바다 위에 배 한 대가 있어요.

· 다양한 의미 ·

~ 이상 ①

Trên 2 người đã bỏ trốn. 2명 이상은 도망쳤어요.

Trên 18 tuổi mới có thể uống rượu. 18살 이상이어야 술을 마실 수 있어요.

Nhiệt độ mùa hè là trên 35 độ. 여름의 온도는 35℃ 이상이에요.

Em phải chuẩn bị trên 2 bộ quần áo.

너는 옷을 두 벌 이상 준비해야 한다.

> **Tip**
> '~ 이상'을 'trở lên'으로 표현하는 경우도 있습니다. 이때 'trở lên'은 '숫자와 단위 명사(분류사)' 뒤에 위치하며, 앞에 오는 숫자가 '최소 금액' 또는 '최소 수량'이라는 것을 의미합니다. 'trở nên'은 'trên'과 비슷하지만, 서로 대체하지 못하는 경우도 있습니다.
>
> 예 Chúng ta phải chuẩn bị 2 bản kế hoạch trở lên.
> 우리는 계획서를 두 본 이상 준비해야 합니다.

🎧 MP3 071

07 trong

주로 어떤 공간의 안쪽을 가리키는 '~ 안에'의 의미로 사용하는 'trong'은 생각 '속에', 2시간 '동안'이라는 의미로도 사용합니다.

기본 의미

trong **~ 안에**	내 동생은 방 안에 있다. 직역 Em của tôi ở phòng. 네이티브 **Em của tôi ở trong phòng.**

'trong'은 어떤 공간 안의 위치를 가리켜서 '~ 안에'라는 의미로 사용하는 표현입니다. 한국어에서는 '방에, 교실에, 박스에' 등과 같이 '~ 안에'라는 표현을 굳이 사용하지 않아도 그 의미가 전달되지만, 베트남어에서는 trong을 반드시 사용해서 '방 안에, 교실 안에, 박스 안에'라고 표현해야 합니다. trong은 해석 생략이 가능합니다.

다양한 의미

trong ①
~속에

내 머릿속에 그 생각만 있다.

네이티브 **Trong đầu tôi chỉ có suy nghĩ đó.**

'trong'은 어떤 사람이나 물건의 위치뿐만 아니라 '머리, 마음, 생각, 말, 상황' 등과 같이 '추상적인 위치'를 가리킬 때도 사용이 가능합니다.

trong (vòng) ②
동안, 안에

나는 2개월 동안 출장을 갈 것이다.

네이티브 **Tôi sẽ đi công tác trong (vòng) 2 tháng.**

'trong'은 시간과 결합해서 해당 '시간 안에/동안 어떤 행위가 이루어진다'라는 의미를 나타내며, 'vòng'과 결합해서 '어떤 행동을 한 기간 안에 지속해서 진행한다'라는 의미로도 사용할 수 있습니다. trong에 비해 'trong vòng'은 지속성이 더 강하지만, 베트남 현지에서는 정확히 구분하지 않고 trong을 더 많이 사용합니다.

생활 속 다양한 단어 활용

~ 안에

Em đang học trong thư viện. 저는 도서관 (안)에서 공부하고 있어요.

Cô ấy đang ở trong lớp. 그녀는 교실 안에 있어요.

Giám đốc không có trong phòng. 사장님은 방 (안)에 없어요.

Trong hộp có 1 quyển sách. 박스 안에 책 한 권이 있어요.

~속에 ①

Trong lòng anh ấy có tôi. 그의 마음속에 내가 있어요.

Trong tình huống này, chúng ta cần suy nghĩ kỹ.

이런 상황 속에서는, 우리가 잘 생각할 필요가 있다.

Điều đó không có trong suy nghĩ của tôi. 그것은 내 생각 속에 없어요.

Có điều bất thường trong lời nói của cô ấy. 그녀의 말속에 이상한 것이 있어요.

동안, 안에 ②

Tôi đã học tiếng Việt trong vòng 6 tháng.

나는 베트남어를 6개월 동안 배웠어요.

Anh ấy nói chuyện điện thoại với bạn gái trong 30 phút.

그는 여자친구와 30분 동안 통화했어요.

Em sẽ làm xong báo cáo trong 2 tiếng.

저는 보고서를 2시간 안에 완료하겠습니다.

trước

어떤 대상을 기준으로 그 대상의 '앞'을 가리키는 'trước'은 시간을 나타내는 말 또는 순서와 관련이 있는 말과 결합해서 '~ 이전, 먼저'라는 의미로도 사용합니다.

기본 의미

trước
(위치) **앞**

> 우리 회사 앞은 학교이다.
>
> 네이티브 **Trước công ty chúng tôi là trường học.**

'trước'은 어떤 대상을 기준으로 그 대상의 앞을 가리키는 표현입니다. trước은 다른 전치사 역할을 하는 단어와 달리 'bên'이라는 말과 결합하지 못하고 'phía' 나 'đằng'과 결합해서 '앞쪽'이라는 의미로 표현할 수 있습니다.

＊ 반의어 : sau 뒤

다양한 의미

trước ①
(시간)
**~ 이전,
~ 전**

> 내일 10시 이전에 오겠다.
>
> 네이티브 **Ngày mai tôi sẽ đến trước 10 giờ.**

'trước'은 시간 앞/뒤에 시간을 나타내는 말이나 순서와 관련된 말이 올 때, '~ 이전, ~ 전'으로 해석할 수 있습니다. trước이 시간 뒤에 올 때는 그 시간 이 '이미 지난 시간'이라는 의미이며, 앞에 올 때는 '어떤 시점까지의 순간'을 의미합니다.

trước ②
먼저

> 그는 나에게 먼저 말을 걸었다.
>
> 네이티브 **Anh ấy đã mở lời với tôi trước.**

'trước'은 '먼저'로 해석하는 경우도 있지만, 이런 경우는 독립적으로 사용하 지 못하고 '동사'나 '동사절'과 결합해야 합니다. trước 앞에 동사나 동사절이 위치해서 '그 행동을 먼저 한다'라는 의미로 표현할 수 있습니다.

생활 속 다양한 단어 활용

· 단어 활용 ·

(위치) 앞

Trước mắt tôi có biển. 내 눈앞에 바다가 있다.

Trước nhà em có tiệm cà phê. 제 집 앞에 카페가 있어요.

Bạn ấy ngồi phía **trước** tôi. 그 친구는 내 앞에 앉아 있어요.

Quán cà phê phía **trước** là nơi chúng ta gặp nhau lần đầu.

앞에 있는 카페는 우리가 처음으로 만났던 곳이에요.

· 다양한 의미 ·

(시간) ~ 이전, ~ 전 ①

Em sẽ đến đó trước **30 phút.** 제가 거기에 30분 전까지 갈게요.

Anh phải làm xong trước **thứ Bảy.** 형은 토요일 전까지 다 해야 해요.

2 tháng trước, **em đã đi Việt Nam.** 두 달 전에, 베트남에 갔었어요.

3 ngày trước, **anh có đi làm không?** 3일 전에, 형은 일하러 갔어요?

> **Tip**
> 'trước'은 지시대명사와 결합해서 사용하기도 합니다.
> 예) **trước đây** 이전에, 예전에   **trước đó** 그전에

먼저 ②

Anh đi trước **nhé!** 오빠가 먼저 갈게!

Ăn cái này trước **đi.** 이것을 먼저 먹어요.

Ngày mai em sẽ đến trước. 내일은 제가 먼저 올게요.

Chị ngủ trước **đi. Một lát nữa em ngủ.** 언니 먼저 자요. 저는 이따가 잘게요.

어떤 대상의 '수량'을 말할 때, 그 수량을 나타내는 숫자 외에 해당 대상을 가리키는 '단위 명사'도 필요합니다. 단위 명사는 대상(명사)의 종류에 따라 달라지기 때문에 '분류사'라고도 합니다.

단위 명사

단어 미리 보기 •

1.	**bó**	5.	**con**	8.	**phần**
2.	**buổi**	6.	**cuốn**	9.	**quả**
3.	**cái**	7.	**đôi**	10.	**tờ**
4.	**cây**				

MP3 073

bó

'bó'는 '(꽃) 다발, (야채) 단, (향/젓가락/장작) 묶음' 등을 나타내는 단위 명사이며, 수량을 나타내는 숫자 뒤에만 위치합니다.

기본 의미

bó
다발

카네이션 두 다발 주세요.

네이티브 **Cho tôi 2 bó hoa cẩm chướng.**

'bó'는 어떤 물건을 '줄로 묶는다'는 뜻을 가진 동사에서 온 표현으로, 꽃다발을 셀 때 '다발'이란 의미로 사용하는 단위 명사입니다. 그러나 모든 '다발'을 bó로 표현하지는 않습니다. 예를 들어, 한국어에서 '바나나'를 셀 때 단위 명사로 '다발'을 사용하지만, 베트남어에서는 바나나에 'bó'를 사용할 수 없습니다. bó는 다른 단위 명사와 마찬가지로 언제나 수량을 나타내는 숫자 뒤에만 위치하기 때문입니다.

다양한 의미

bó ①
단

엄마가 시금치 한 단을 샀다.

네이티브 **Mẹ đã mua 1 bó cải bó xôi.**

야채 같은 경우, 묶어서 팔기 때문에 '단'이라는 의미로 'bó'의 단위 명사를 사용할 수 있습니다. 그러나 양이 아주 적거나 묶어서 팔지 않는 야채의 경우에는 bó를 사용하지 않습니다. 예를 들어, 베트남에서는 고수나 쪽파 등은 큰 단으로 묶어서 팔지 않기 때문에 단위 명사로 bó를 사용하지 않습니다.

bó ②
묶음

제단 위에 향 한 묶음이 있다.

네이티브 **Trên bàn thờ có 1 bó nhang.**

'bó'는 정확하지 않은 개수의 묶음 단위일 때, '묶음'의 의미로도 사용합니다. 예를 들어, 베트남에서 제사 지낼 때 사용하는 '향'은 보통 묶어서 판매합니다. 그러나 한 묶음에 개수가 정해져 있지 않으므로, 정확한 숫자로 표현하기 어렵습니다. 이렇듯 '향, 젓가락, 장작' 등의 단위 명사로 bó를 사용합니다.

생활 속 다양한 **단어** 활용

다발

Ai đã đặt bó hoa này? 누가 이 꽃다발을 주문했나요?

Hoa cúc bao nhiêu 1 bó? 국화는 한 다발에 얼마예요?

Em muốn mua 1 bó hoa hồng. 저는 장미꽃 한 다발을 사고 싶어요.

Chị đã mua 2 bó hoa tặng mẹ và bố. 언니는 엄마와 아빠께 드릴 꽃 두 다발을 샀어요.

단 ①

Cho em 2 bó cải thìa. (저한테) 청경채 두 단 주세요.

Trong tủ lạnh còn 1 bó rau. 냉장고에 야채 한 단이 남아 있어요.

Sáng nay, mẹ đã mua 1 bó rau lang.

오늘 아침, 엄마는 고구마 잎(고구마 야채) 한 단을 샀어.

1 bó rau muống bao nhiêu tiền? 공심채 한 단에 얼마예요?

묶음 ②

Trên bàn ăn có 2 bó đũa. 식탁 위에 젓가락 두 묶음이 있어요.

Lấy cho mẹ 1 bó ống hút. 그녀에게 빨대 한 묶음을 갖다줘.

Anh ấy có thể vác 2 bó củi to cùng lúc. 그는 큰 장작 두 묶음을 동시에 실을 수 있어요.

Vào ngày giỗ của ông, cô ấy đã mua 1 bó nhang đến.

할아버지의 제삿날에, 그녀가 향 한 묶음을 사 왔어요.

buổi

🎧 MP3 074

'buổi'는 '시간대' 또는 '번, 회'의 뜻으로 많이 쓰이는 분류사입니다. 그러나 베트남 현지인들은 이 단어가 분류사라는 사실을 잘 모르고 있습니다. 일상생활에서 특정 한 단어와 결합해서 한 단어처럼 자연스럽게 사용하기 때문입니다.

기본 의미

buổi
시간대

토요일 아침에, 우리는 (서로를) 만났다.

네이티브 **Buổi sáng thứ Bảy, chúng tôi đã gặp nhau.**

'buổi'는 '시간대'의 뜻을 가지고 있으며, 단어와 결합해서 한 단어처럼 자연스 럽게 쓰이고 있는 분류사입니다. 'sáng(아침)', trưa(점심), chiều(오후 1~5시 정 도), tối(저녁)'의 시간을 나타내는 표현들과 결합해서 'buổi sáng, buổi trưa, buổi chiều, buổi tối'와 같은 형태로 사용합니다. 특히, 숫자가 나올 경우에는 「숫자+buổi」의 구조로 표현하는 것이 자연스럽습니다.

다양한 의미

buổi ①
번, 회, 개

일주일에 나는 베트남어 수업이 2번 있다.

네이티브 **Một tuần em có 2 buổi học tiếng Việt.**

'buổi'는 정확한 시간이 정해지지 않을 때도 사용합니다. 주로 '수업, 회의, 미 팅' 등과 결합하여 '일주일 또는 한 달에 ~회/번'처럼 순간적으로 할 수 없는 상황에서 사용하는 단위 명사입니다.

생활 속 다양한 단어 활용

시간대

Em học tiếng Việt buổi sáng thứ Bảy.

저는 토요일 아침에 베트남어를 배워요.

Lớp học này mở vào buổi sáng và buổi tối.

이 수업은 아침과 저녁에 열려요.

Anh ấy đã cầu hôn bạn gái vào 1 buổi tối mùa thu.

그는 가을의 어느 저녁에 여자친구에게 청혼했어요.

번, 회, 개 ①

Anh học tiếng Anh mấy buổi một tuần?

오빠는 영어 수업을 일주일에 몇 번 해요?

Em học đàn piano một tuần 1 buổi.

저는 피아노를 일주일에 한 번씩 배워요.

Tuần sau có 2 buổi seminar. 다음 주에는 세미나 2개가 있어요.

Chiều nay có 1 buổi meeting. 오늘 오후에 미팅 한 개가 있어요.

cái

ᗡ MP3 075

가장 보편적으로 사용하는 분류사 중 하나는 'cái'입니다. 주로 '~개'의 의미로 사용하는 cái는 자동차 한 '대', 집 한 '채'의 의미로도 사용합니다.

기본 의미

cái
개, 벌

> 방 안에 책상 2개, 의자 1개가 있다.
>
> 네이티브 **Trong phòng có 2 cái bàn, 1 cái ghế.**

'cái'는 거의 모든 물건과 결합해서 사용할 수 있는 단위 명사입니다. 물건의 수량을 셀 때, 「숫자(수량)+cái+명사(물건명)」의 구조로 표현합니다. cái는 어떤 것의 수량을 셀 때 쓰이는 분류사이지만, 수량이 나타나지 않을 때도 사용할 수 있는 특징이 있습니다.

다양한 의미

cái ①
대

> 우리 집에는 에어컨이 한 대만 있다.
>
> 네이티브 **Nhà em chỉ có 1 cái máy lạnh.**

'cái'는 텔레비전 또는 냉장고와 같은 '가전제품', 오토바이 또는 자동차 등의 '교통수단'을 셀 때 '~ 대'라는 의미로 사용하기도 합니다.

cái ②
채,
공간의 표현

> 그는 집 한 채를 새로 샀다.
>
> 네이티브 **Anh ấy mới mua 1 cái nhà.**

'cái'는 집을 셀 때 '한 채, 두 채'에서 '채'로 해석하기도 하며, 집뿐만 아니라 '방, 부엌' 등 집에 속한 '공간'도 cái로 표현합니다. 흔히 하는 실수 중, '한 집, 두 집'이라고 할 때 'một nhà'라고 하는 경우가 있습니다. 그러나 이럴 경우, '수량'이 아닌 '가족'이라는 의미로 해석되므로, 집을 셀 때는 'nhà' 앞에 cái를 사용해야 합니다.

생활 속 다양한 단어 활용

 · 단어 활용 ·

개, 벌

Trên bàn có 1 cái ví. 책상 위에 지갑 한 개가 있어요.

Hôm qua em mới mua 1 cái áo. 어제 저는 옷 한 벌을 새로 샀어요.

Cái túi xách này bao nhiêu tiền? 이 가방은 얼마예요? [수량이 안 나타나는 경우]

> **Tip**
> 'cái'는 'chiếc'으로 바꿔서 사용하기도 합니다. 특히, 옷이나 패션 아이템 같은 경우
> 는 'cái'보다 'chiếc'이 더 좋은 표현이지만, 'chiếc'에 비해 'cái'는 더 친근하고 보
> 편적인 표현입니다.
> 예 1 cái ô = 1 chiếc ô 우산 한 개

 · 다양한 의미 ·

대 ①

Chị có 2 cái xe máy. 언니는 오토바이 두 대가 있어요.

Anh muốn mua 1 cái Tivi mới. 나는 새로운 텔레비전 한 대를 사고 싶어.

Nhà em có 1 cái tủ lạnh lớn, và 2 cái tủ lạnh nhỏ.

우리 집에 대형 냉장고 한 대, 소형 냉장고 두 대가 있어요.

> **Tip**
> 교통수단의 경우, 'cái' 대신 'chiếc'을 사용하기도 합니다. 특히, 북쪽 지역에서는
> 'chiếc'을 더 선호합니다.
> 예 1 chiếc xe máy 오토바이 한 대   1 chiếc xe buýt 버스 한 대,

채, 공간의 표현 ②

Có 1 cái phòng ngủ nhỏ ở lầu 1. 1층에 작은 침실 하나가 있어.

Em sẽ kiếm tiền để mua 1 cái nhà. 저는 돈을 벌어서 집 한 채를 살 거예요.

Nhà này có 1 cái bếp và 1 cái toilet. 이 집은 부엌 하나, 화장실 하나가 있어요.

cây

🎧 MP3 076

'cây'는 명사로 쓰일 때 '나무'를 의미합니다. 그러므로 cây를 단위 명사로 사용할 경우에는 주로 '나무, 작대기' 등과 같이 긴 모양의 사물의 수량과 결합하여 '그루, 개'라는 의미로 표현할 수 있습니다.

기본 의미

개, 그루

나는 펜 한 개만 있다.

직역 Tôi chỉ có 1 cái bút.

네이티브 **Tôi chỉ có 1 cây bút.**

'한 개, 두 개'의 '개'는 보통 'cái'로 표현하지만, '나무, 펜, 연필, 작대기, 지붕, 초' 등과 같이 긴 모양을 셀 때는 '그루, 개'의 의미로 'cây'를 사용합니다. 또한, cây는 '다리(brigde)'나 '육교'와 결합해서 사용하기도 합니다. cây 대신 cái를 쓰는 경우가 종종 있으나 그것은 정확한 표현이 아닙니다.

・단어 활용・

Trước nhà có 2 cây cột. 집 앞에 지붕 2개가 있어요.

Đường này có 2 cây cầu vượt. 이 거리는 육교 2개가 있어요.

Ở gần đây chỉ có 1 cây cầu. 이 근처에는 다리가 한 개만 있어요.

Trong vườn có 4 cây táo. 정원 안에 사과나무 4그루 가 있어요.

> **Tip**
> '우산'을 셀 때는 남쪽과 북쪽 지역의 표현이 조금 다릅니다. '우산'이라는 단어를 남쪽 지역에서는 'dù'로, 북쪽 지역에서는 'ô'로 표현하기 때문입니다.
> 예 우산 한 개 : 1 cây dù (남쪽 지역)
> 　　　　　　 1 cái ô = 1 chiếc ô (북쪽 지역)

05 con

'con'은 동물의 수량을 나타낼 때 사용하는 단위 명사입니다. 가끔 con이 사람에게 쓰이는 경우도 있으나 이런 경우에는 단위 명사로 해석하기 어렵습니다. 동물이 아닌 con과 결합하는 몇 가지의 예외도 있습니다.

기본 의미

마리

나는 강아지 한 마리를 키우고 있다.

네이티브 **Tôi đang nuôi 1 con chó.**

'con'은 '동물'을 가리키는 명사와 결합해서 '~ 마리'라는 의미로 해당 동물의 수량을 나타내는 단위 명사입니다. 경우에 따라서 수량 외에 '동물 이름' 앞에 'con'이 위치하기도 합니다.

· 단어 활용 ·

Trong tủ lạnh có 2 con cá. 냉장고에 생선 2마리가 있어요.

Ở công ty em có 1 con mèo. 제 회사에는 고양이 한 마리가 있어요.

1 con chim đang hót ngoài sân. 새 한 마리가 마당에서 울고 있어요.

Tip

1. '동물' 이외에, 'con'과만 결합할 수 있는 '명사'도 있습니다. 암기해 보세요.

   강 (sông)　　　　→ 1 con sông
   길 (đường)　　　 → 1 con đường
   심장 (tim)　　　　→ 1 con tim
   칼 (dao)　　　　　→ 1 con dao
   귀신 (ma/quỷ)　　→ 1 con ma, 1 con quỷ
   배 (tàu/thuyền)　 → 1 con tàu, 1 con thuyền

2. 사람도 일종의 동물로 보기 때문에 사람을 지칭하는 말인 'người' 앞에 'con'을 넣어서 사용하는 경우도 있습니다. 그러나 'con người'에서의 con은 사람을 셀 때 사용하는 '~명'과 전혀 다른 의미이며, '인간'과 그 용법이 같습니다. 예를 들어, 'con gái(어린 여자/딸)' 또는 'con trai(어린 남자/아들)'와 같이 성별을 가리키는 형용사인 'gái'와 'trai'를 con 뒤에 넣어서 명사로 만들 수 있습니다. 이런 경우의 con은 분류사로 볼 수 없습니다.

단위 명사

cuốn

🎧 MP3 078

'cuốn'은 '책, 공책, 노트' 등을 셀 때 사용하는 단위 명사입니다.

기본 의미

cuốn
권

> 나는 베트남어책 2권이 있다.
>
> 네이티브 **Tôi có 2 cuốn sách tiếng Việt.**

'cuốn'은 '책, 공책, 노트' 등과 같은 종이의 묶음을 셀 때 '권'이라는 의미로 사용하는 분류사입니다. 또한 수량을 나타내는 단위 외에, 해당 명사가 문장 앞에 위치하는 경우에도 cuốn을 사용할 수 있습니다.

다양한 의미

cuốn ①
(쌈) 개

> 엄마가 월남쌈 10개를 만들었다.
>
> 직역 Mẹ đã làm 10 cái gỏi cuốn.
>
> 네이티브 **Mẹ đã làm 10 cuốn gỏi cuốn.**

'cuốn'을 동사로 사용할 경우에는 '굴려서 싸다'라는 의미를 나타내므로 '월남쌈, 짜조'와 같이 굴려서 굵은 모양으로 만들어진 음식의 수량을 셀 때 단위 명사로 cuốn을 사용하여 표현합니다. 이때, cuốn과 같은 의미로 'cái'를 사용할 수도 있지만 '쌈'과 같은 음식의 수량을 셀 때는 'cuốn'이 더 자연스러운 표현입니다.

잠깐만요!

롤 모양인 월남쌈과 짜조 등을 셀 때 'cuốn'을 사용하는 것은 지역마다 사용 빈도의 차이가 있습니다. 중부 지역과 남부 지역에서는 보편적으로 사용하는 반면, 북부 지역에서는 자주 사용하지 않는 표현입니다. 그러므로, 북부 지역에서는 지역 구분 없이 사용할 수 있는 대표적인 분류사인 'cái'를 사용하는 것이 좋습니다.

생활 속 다양한 **단어** 활용

· 단어 활용 ·

권

Cuốn sách này của ai? 이 책은 누구 거예요?

Em có mấy cuốn tập? 너는 공책 몇 권이 있니?

Chị chỉ có 1 cuốn sổ thôi. 언니는 노트 한 권만 있어.

Mỗi năm em viết khoảng 3 cuốn nhật ký.

해마다 저는 일기장을 3권 정도 써요.

> **Tip**
> 'cuốn' 대신 'quyển'으로도 사용이 가능합니다. 그 이유는 **cuốn**이 '～권'을 뜻하는 단위 명사로 사용됨과 동시에 '책'이라는 의미도 가지고 있기 때문입니다.
> 예 1 cuốn sách = 1 quyển sách 책 한 권

· 다양한 의미 ·

(쌈) 개 ①

1 cuốn bao nhiêu tiền? 한 개에 얼마예요?

Cho em 2 cuốn chả giò. 짜조 2개 주세요.

1 phần gỏi cuốn có 4 cuốn. 월남쌈 1인분에 4개가 있어요

Chị muốn mua mấy cuốn gỏi cuốn. 언니는 월남쌈 몇 개 사고 싶어요?

07

đôi

어떤 물건이 두 개씩 짝을 지어 묶여 있을 때 사용하는 단위 명사인 'đôi'는 물건뿐만 아니라 사람에게도 사용할 수 있습니다.

기본 의미

**쌍, 켤레,
커플**

책상 위에 젓가락 한 쌍이 있다.

네이티브 **Trên bàn có 1 đôi đũa.**

'đôi'는 같은 종류의 물건이 2개 또는 짝으로 이루어진 단위를 나타낼 때 사용하며, 주로 '젓가락, 신발, 손, 발, 귀걸이' 등과 결합합니다. 또한, 같은 종류나 모양이 아닌 '사람'에게도 사용할 수 있습니다. 이때는 '커플'로 해석하며, 연애 커플뿐만 아니라 친한 친구의 경우에도 사용이 가능합니다.

· 단어 활용 ·

Cô ấy có 1 đôi tay đẹp. 그녀는 예쁜 손 (한 쌍)이 있어요.

Em sẽ tặng anh 1 đôi giày. 제가 오빠한테 신발 한 켤레를 선물할게요.

Vớ này bao nhiêu tiền 1 đôi. 이 양말은 한 켤레에 얼마예요?

4 đôi nam nữ sẽ tham gia vào chương trình này.

남녀 4쌍이 이 프로그램에 참가할 거예요.

> **Tip**
> 'đôi'의 대체어로 'cặp'을 사용할 수도 있지만, **cặp**은 '신발, 손, 발 귀걸이' 등과는 결합하지 않습니다.
>
> 예 1 **cặp** thiên nga = 1 **đôi** thiên nga 백조 한 쌍

08

phần

'phần'은 주로 음식을 주문할 때, 음식의 수량 또는 세트의 의미로 사용하지만, '선물, 상' 등의 단위 명사로도 사용합니다.

기본 의미

인분, 개, 상 나는 분짜 1인분을 시켰다.

네이티브 **Tôi đã gọi 1 phần bún chả.**

'phần'은 일반적으로 음식에서 '1인분, 2인분'할 때의 '인분'이란 의미로 사용하는 단위 명사입니다. 그리고 세트 메뉴 등의 수량을 셀 때도 '～세트'와 같은 형태로 사용이 가능하며, '선물, 상, 장학금' 등과 같은 경우를 셀 때도 **phần**을 사용할 수 있습니다.

· 단어 활용 ·

Cho em 1 phần cơm trộn. 비빔밥 1인분 주세요.

Em đã chuẩn bị 10 phần quà. 저는 선물 10개를 준비했어요.

Chị ấy đã nhận được 1 phần học bổng.

그 언니는 장학금을 받았어요(장학금 한 개를 받았어요).

Hạng nhất sẽ nhận được 1 phần thưởng có giá trị.

1등은 가치가 있는 상 한 개를 받게 될 것이다.

quả

'quả'는 과일을 셀 때 '개'라는 의미로 사용하는 단위 명사입니다. 과일뿐만 아니라 모양이 둥근 공이나 계란, 오리알 등에도 사용합니다.

기본 의미

개, 통

나는 방금 사과 한 개를 먹었다.

오역　Tôi vừa mới ăn 1 cái táo.

네이티브　**Tôi vừa mới ăn 1 quả táo.**

'quả'는 '과일, 채소, 계란, 오리알' 등을 셀 때 사용하는 단위 명사이며, 수박과 파인애플 등의 경우에는 '통'으로 해석할 수 있습니다. '개'라는 의미를 가진 단위 명사 중, 'cái'가 있지만 cái는 과일을 셀 때는 사용할 수 없습니다.

Em phải mua 1 quả bóng mới. 저는 새로운 공 한 개를 사야 해요.

Trong tủ lạnh có 3 quả trứng gà. 냉장고 안에 계란이 3개 있어요.

1 quả dưa hấu bao nhiêu tiền? 수박 한 통에 얼마예요?

Cho cháu 1 quả dưa hấu. 수박 한 통 주세요.

Tip

1. 'quả'와 같은 의미로 'trái'가 있습니다. 특히 남쪽 지역에서는 quả보다 trái를 더 많이 사용합니다.
   예 1 quả bí = 1 trái bí 호박 한 개

2. '과일'은 베트남어로 'hoa quả' 또는 'trái cây'라고 합니다. 그러나 과일이 무슨 과일인지 물어볼 때는 'quả' 또는 'trái'만 사용할 수 있습니다.
   예 Đây là quả gì? 이것은 무슨 과일이에요?

10 tờ

🎧 MP3 082

베트남어에서는 사진과 종이를 셀 때 다른 단위 명사를 사용합니다. 'tờ'는 얇은 종이를 셀 때 사용하는 단위 명사입니다.

기본 의미

장

나는 5만 동짜리 2장이 있다.

직역   Tôi có 2 tấm 50,000 đồng.

네이티브   **Tôi có 2 tờ 50,000 đồng.**

한국어에서는 '사진, 종이, 지폐' 등을 셀 때, '~장'으로 하나의 단위 명사를 사용하지만, 베트남어에서는 '사진'과 '종이'에 대한 단위 명사를 다르게 사용합니다. 'tờ'는 얇은 종이 모양인 '돈, 신문' 등에 사용하는 단위 명사이며, '사진, 칠판, 천, 커튼' 등을 셀 경우에는 'tấm'이라는 단위 명사를 사용합니다.

· 단어 활용 ·

Trên bàn có 1 tờ giấy. 책상 위에 종이 한 장이 있어요.

Có 1 tờ báo trong ngăn kéo. 서랍에 신문 한 장이 있어요.

Trong ví em có 2 tờ 100,000 đồng. 제 지갑 안에 10만 동짜리 2장이 있어요.

Sáng nay em đã nhận được 1 tờ hóa đơn.

오늘 아침에 제가 영수증 한 장을 받았어요.

단위 명사

Bài **9** 시제를 나타내는 단어

Bài **10** 조사 역할을 하는 단어

Bài **11** 문장의 뜻을 규정해 주는 단어

Bài **12** 보조 용언 역할을 하는 단어

2

문법 기능을
가진 **단어**

베트남어의 특징 중 하나는 음절마다 띄어 쓰는 것입니다. 따라서 띄어쓰기만으로 문장의
뜻과 문법 기능을 구분하기는 어렵습니다. 그런 이유로, 베트남어에는 문장의 뜻을 규정해
주는 단어들이 존재합니다. 시제를 나타내는 단어와 문장의 뜻을 규정하는 단어들을 학습해
보세요.

베트남어에서 '시제'를 나타내는 단어는 일반적으로 동사 앞에 위치합니다. 동사 뒤에 오는 경우도 있지만, 극히 소수에 불과합니다.

시제를
나타내는 **단어**

📓 단어 미리 보기 •

1.	**đã**	3.	**chưa**	5.	**sắp**
2.	**rồi**	4.	**đang**	6.	**sẽ**

đã

'đã'는 과거시제를 나타내는 단어입니다. 그러나 경우에 따라서 đã는 생략이 가능합니다.

기본 의미

(과거시제)
~했다

나는 어제 그를 만났다.

네이티브 **Hôm qua tôi (đã) gặp anh ấy.**

'đã'는 과거시제로서, 동사나 형용사 앞에 위치하며, 그 행동이나 상태의 과거를 나타낼 때 사용합니다. 그러나 문장 내에 '어제, 지난주, 지난달, 작년' 등과 같이 과거를 나타내는 말이 이미 있는 경우, đã는 생략이 가능합니다. 베트남 현지에서는 đã를 생략해서 사용하는 경우가 많으며, 과거에 있었던 일을 강조할 때 많이 사용합니다.

· 단어 활용 ·

Em (đã) nói với anh rồi mà! 제가 오빠한테 말했잖아요!

Cô ấy (đã) là bác sĩ từ 10 năm trước. 그녀는 10년 전부터 의사였어요.

Tháng 7 năm ngoái, trời (đã) rất nóng. 작년 7월에, 날씨가 아주 더웠어요.

Tip

'đã'가 동사 또는 형용사를 포함해서 두 단어만 나오는 경우는 매우 어색합니다.

예) đã ăn 먹었다   (✕)
    đã đi 갔다   (✕)

이때는 「đã+동사+rồi」 구조로 표현하는 것이 자연스럽습니다. 'rồi'도 과거시제를 나타내는 단어지만, đã와 결합하여 사용하는 경우가 많고 의미 또한 조금 다릅니다.

예) (đã) ăn rồi (이미) 먹었다   (○)
    (đã) đi rồi (벌써) 갔다   (○)

02 rồi

'rồi'는 'đã'와 비슷한 표현이며, '~했다'라는 뜻을 가진 과거시제입니다. 이 두 표현은 같이 쓰이는 경우도 있고 둘 중 하나만 쓰이는 경우도 있습니다.

기본 의미

(과거시제)
~했다

우리는 헤어졌다.

네이티브 **Chúng tôi chia tay rồi.**

'rồi'는 과거시제로서, 시제를 나타내는 단어 중에서 분포가 가장 특이한 시제입니다. rồi는 동사 또는 형용사 뒤에 위치하며, 일반적으로 문장 맨 끝에 위치합니다. 앞에 오는 동사가 '이미 진행되거나 완료된 것'을 의미하며, 상대방이 알고 싶은 정보를 제공해주는 느낌이 강합니다. 'đã'와 rồi는 과거시제를 나타낸다는 공통점이 있지만, 이런 정보 제공의 차이가 있습니다. 특히, 상대방이 어떤 일을 했는지를 물어봤을 때, 정보 제공 차원에서 rồi를 사용하는 것이 더 정확합니다. 또한, đã에 비해 rồi의 사용 빈도가 더 높습니다.

· 단어 활용 ·

Em nói rồi mà. 제가 말했잖아요.

Em làm bài tập rồi. 저는 숙제를 했어요.

Lúc nãy em ăn cơm rồi. 저는 아까 밥을 먹었어요.

Giám đốc đi công tác rồi. 사장님이 출장을 갔어요.

> **Tip**
>
> 1. 'rồi'는 독립적인 사용이 가능합니다.
>   A: Em ăn cơm chưa? (너 밥 먹었니?)   B: Rồi. 네./먹었어요.
>   [어떤 사람이 재촉할 때]
>   A: Nhanh lên! 빨리!   B: Rồi! Rồi! 알았어! 알았어!
> 2. 'rồi'는 상대의 말에 과거형과 연결해서 맞장구 또는 감탄문 등에도 사용합니다.
>   예 Đúng rồi! 맞아!   [상대방이 한 말에 동의할 때]
>   Chết rồi! 죽었다!   [큰일 났다는 의미로 쓰이는 표현]

시제

chưa

'chưa'는 어떠한 행동을 아직 하지 않았다는 의미를 가지고 부정형으로 사용하는 과거시제입니다.

기본 의미

(과거시제) **아직** **～하지 않았다**	그는 아직 도착하지 않았다.
	오역 Anh ấy đã chưa đến.
	네이티브 **Anh ấy chưa đến.**

'chưa'는 과거시제로서, 동사 앞에 위치하며, '그 행동을 아직 하지 않았다'라는 의미로 사용합니다. chưa는 대부분의 사전에서 '아직'으로 해석되어 있습니다. 그러나 '아직'은 긍정형과 결합할 수 있는 반면, chưa는 부정적 의미로만 해석할 수 있습니다. 'đã'나 'rồi'도 과거시제를 나타내지만, chưa만으로도 '아직 ～하지 않았다'는 의미를 표현할 수 있기 때문에 chưa와 결합해서 사용하지 않습니다.

Em chưa ăn tối. 저는 저녁을 아직 안 먹었어요.

Chúng tôi chưa gặp nhau. 우리는 아직 만나지 않았어요.

Cô Lee chưa đọc email của tôi. 이 선생님이 나의 이메일을 아직 읽지 않았어요.

Anh ấy chưa gọi điện thoại cho tôi. 그는 아직 나한테 전화를 안 했어요.

> **Tip**
> 'chưa' 앞에 'vẫn'이 놓여 쓰이는 경우도 있습니다. vẫn은 '여전히'라는 뜻으로, chưa와 결합해서 'vẫn chưa(여전히 ～하지 않았다)'처럼 강조의 의미로 사용할 수 있습니다.
> 예 Anh ấy vẫn chưa quyết định. 그는 (여전히) 결정하지 않았다.

04 đang

'đang'은 '~하는 중'을 의미하는 현재시제 중 '현재진행시제'에 해당합니다.

기본 의미

(현재진행시제)
**~하는 중,
~하고 있다**

나는 통화 중이다.

네이티브 **Tôi đang nói chuyện điện thoại.**

'đang'은 현재진행시제로서, 동사 또는 형용사 앞에 위치하며, 진행 중인 행동과 현재의 상태를 표현할 때 사용합니다. đang은 '동사, 형용사, 이다, 있다, 없다' 등과도 매우 자연스럽게 결합하여 사용이 가능합니다. 특히, đang이 형용사 앞에 올 경우에는 말하는 시점을 나타내지만, 해석에서는 생략이 가능합니다.

· 단어 활용 ·

Anh ấy đang bận. 그는 (지금) 바빠요.

Giám đốc đang ở công ty. 사장님이 (지금) 회사에 있어요.

Em trai tôi đang là học sinh. 나의 남동생은 (지금) 학생이에요.

Em đang đi học. 저는 공부하러 가고 있어요.

Tip 'đang'이 형용사와 결합하는 경우, '해당 시점에 그 상태가 있다'라는 의미이며, 주로 '지금'으로 해석합니다. 현재의 상태에 대해서 말할 때는 문맥상 đang을 넣는 것이 자연스럽지만, 베트남 현지에서는 생략해서 표현하기도 합니다.

예 **Em đói. = Em đang đói.** 저는 배가 고파요. [말하는 시점의 상태]

sắp

'sắp'은 가까운 미래에 발생할 가능성을 나타낼 때 사용하는 미래근접시제입니다.

기본 의미

(미래근접시제) **곧 ~할 것이다**	우리는 곧 결혼할 것이다. 네이티브 **Chúng tôi sắp kết hôn.**

'sắp'은 '곧 ~할 것이다'라는 의미를 가지고 있는 미래근접시제로서, 어떤 일이 곧 일어나거나 가까운 미래에 발생할 가능성을 나타낼 때 사용합니다.

· 단어 활용 ·

Trời sắp mưa. 비가 곧 올 거예요.

Mùa xuân sắp đến. 봄이 곧 올 거예요.

Em sắp đi du học. 저는 곧 유학 갈 거예요.

Chị ấy sắp tốt nghiệp. 그 언니는 곧 졸업할 거예요.

> **Tip**
> 'sắp'은 언제나 '곧 ~할 것이다'라는 의미로만 해석하지 않습니다. 특히, sắp이 과거시제를 나타내는 말인 'rồi'와 한 문장에서 나타나는 경우, 과거시제로 해석하기도 합니다.
>
> 예) Em sắp đến rồi. 제가 곧 도착할 거예요. / 제가 거의 도착했어요.
>
> ☞ 'sắp'과 'rồi'의 결합으로 인해 'đến(도착하다)'은 아직 발생하지 않았지만, 가까운 미래 시점의 과거시제가 될 수 있으므로 'sắp đến rồi'를 '거의 도착했다'로 해석할 수 있습니다.

06

sẽ

'sẽ'는 어떤 행동이 아직 일어나지 않았다는 것을 의미하며, 먼 미래를 나타내는 미래시제입니다.

기본 의미

(미래시제)
~할 것이다

다음 달에 나는 해외여행을 갈 것이다.

네이티브 **Tháng sau tôi sẽ đi du lịch nước ngoài.**

'sẽ'는 미래시제로서, 동사 앞에 위치하며 '~할 것이다'라는 뜻으로 그 행동이 아직 일어나지 않았음을 의미합니다. sẽ는 가까운 미래보다 먼 미래에 진행될 일에 자주 사용하며, 문장 내에 '내일, 다음 주, 다음 달' 등과 같이 미래를 나타내는 말이 이미 있는 경우에는 sẽ의 생략이 가능합니다. 단, 미래를 나타내는 말을 강조하고 싶을 때는 시간과 상관없이 sẽ를 사용합니다. sẽ는 미래시제뿐만 아니라 화자의 '약속, 의지'를 나타내는 표현으로 사용하기도 합니다.

· 단어 활용 ·

1 năm sau em sẽ **tốt nghiệp.** 저는 1년 뒤에 졸업할 거예요. [미래]

Em nhất định sẽ **đến.** 제가 꼭 오겠습니다. [약속]

Chúng ta sẽ **làm được.** 우리가 할 수 있을 거예요. [의지]

Chúng tôi sẽ **cố gắng hết sức.** 우리가 최선을 다하겠습니다. [의지]

Tip
* 'sẽ'가 생략 가능한 경우
Ngày mai em (sẽ) đi học. 저는 내일 학교에 갈 거예요.
Chiều nay tôi (sẽ) gặp cô ấy. 오늘 오후에 나는 그녀를 만날 것이다.

베트남어는 중국어와 마찬가지로 '무(無) 구조 언어'이므로, '조사'나 '어미'가 존재하지 않습니다. 하지만 한국어의 조사처럼 명사 또는 동사, 형용사의 앞이나 뒤에 와서 뜻을 더해주며 조사의 역할을 하는 단어들이 있습니다.

Bài **10**

조사 역할을 하는 **단어**

📖 단어 미리 보기 •

1. **bằng**	3. **cũng**	5. **với**
2. **của**	4. **chỉ**	6. **ở**

bằng

bằng은 구격 조사 역할을 하는 단어입니다. 주로 '~로'라는 의미로 사용하지만, '~만큼, 같다, 비슷하다'라는 의미로도 사용합니다.

기본 의미

bằng
~로

> 베트남 사람은 젓가락으로 밥을 먹는다.
>
> 오역   Người Việt Nam bằng đũa ăn cơm.
>
> 네이티브 **Người Việt Nam ăn cơm bằng đũa.**

'bằng'은 '~(으)로'라는 의미이며, 명사(도구)와 결합하여 뒤에 오는 해당 행동을 연결할 때 사용합니다. 또한 '도구'뿐만 아니라 '방법, 원료' 등에도 연결이 가능합니다. 단, 베트남어는 「주어+동사+목적어」의 어순으로 되어있으므로, '행동'이 앞에 오고 '도구, 방법, 재료'가 그 뒤에 위치해야 합니다.

다양한 의미

bằng ①
**~만큼,
같다,
비슷하다**

> 이것은 저것만큼 비싸니?
>
> 네이티브 **Cái này đắt bằng cái kia không?**

'bằng'을 형용사로 사용할 경우에는 '~만큼, 같다, 비슷하다'라는 의미로 사용할 수 있습니다. bằng 앞에 오는 대상과 뒤에 오는 대상이 비슷한 수준/상태/성질 등을 가지고 있다는 의미를 나타냅니다. 이런 경우, bằng은 비교법에서 쓰이는 단어로 간주합니다. 두 대상을 비교할 때는 3가지 경우가 있습니다. 첫째, 비교 기준을 나타내는 형용사가 없는 경우입니다. 이때 두 대상이 bằng을 통해 직접 연결됩니다. 둘째, 비교 기준을 나타내는 형용사가 있으며 그 형용사가 대상 1과 bằng 사이에 오는 경우입니다. 셋째, 비교 기준이 있으며 대상1과 대상 2가 연결되고 bằng은 그 뒤에 오는 경우입니다. 이때 bằng만 사용하는 것보다 'bằng nhau(서로 같다)'로 표현하는 것이 더 좋습니다.

생활 속 다양한 단어 활용

~로

Em đến đây bằng xe máy. 제가 오토바이로 여기에 왔어요.		[수단]
Cái ghế này làm bằng gỗ. 이 의자는 나무로 만들어졌어요.		[원료]
Em sẽ liên lạc bằng e-mail. 메일로 연락드릴게요.		[방법]

> **Tip**
> '~로'는 한국어에서 '목적지, 방향, 자격, 원인' 등에도 연결하여 사용하지만, 베트남어의 'bằng'은 도구적 의미가 아닌 다른 명사와는 결합하지 않습니다.
> 예) 어디로 가니? **Đi** bằng **đâu?** (✕)
>   그 사람이 암으로 죽었다. **Người đó đã chết** bằng **ung thư.** (✕)
>   나는 수석으로 졸업했다. **Tôi đã tốt nghiệp** bằng **loại ưu.** (✕)

~만큼, 같다, 비슷하다 ①

Lan bằng Hoa. 란 씨는 화 씨와 같아요/비슷해요.

Lan đẹp bằng Hoa. 란 씨는 화 씨만큼 예뻐요.

Lan và Hoa đẹp bằng nhau. 란 씨와 화 씨가 똑같이 예뻐요.

Mẹ yêu các con bằng nhau. 엄마는 아이들을 똑같이 사랑해요.

của

🎧 MP3 090

'~의'라는 의미로 사용하는 'của'는 소유 관계를 나타냅니다.

기본 의미

~의	여기는 나의 집이다.
	오역 Đây là tôi của nhà.
	네이티브 **Đây là nhà của tôi.**

'của'는 소유 관계를 나타내는 단어로, '~의'라는 뜻으로 사용합니다. 이때, 한국어의 어순대로 표기하는 실수를 많이 하므로, 반드시 반대의 어순으로 표기해야 합니다. 예를 들어, '나의 집'이라고 할 때 「소유물(집)+của(~의)+소유주(나)」의 구조 형태가 되어야 합니다.

Sách của em đâu? 저의 책이 어디에 있어요?

Đây là mẹ của anh. 여기는(이분은) 오빠의 엄마야.

Đây là nhà của tôi. 여기는 나의 집이에요.

Công ty của anh ấy là công ty lớn. 그의 회사는 큰 회사예요.

> **Tip** 소유주와 소유물이 같지 않을 경우, 'của'는 생략이 가능합니다. 단, '아버지의 아버지', '큰 회사의 작은 회사' 등은 생략하면 안 됩니다.
>
> 예 Người này là mẹ anh. 이분은 나의 엄마이다.   (O)
>
>   Ba của ba là ông nội. 아버지의 아버지는 할아버지이다.   (O)
>
>   Ba ba là ông nội.   (×)

03 cũng

🎧 MP3 091

'cũng'은 두 대상이 모두 괜찮을 때 '~도'의 의미를 나타내는 보조사 역할을 하지만, 사용 분포가 한정되어 있습니다.

기본 의미

~도	나는 장미를 좋아한다. 국화도 좋아한다.
오역	Tôi thích hoa hồng. Tôi thích cũng hoa cúc.
네이티브	**Tôi thích hoa hồng. Tôi cũng thích hoa cúc.**

'cũng'은 '~도'라는 뜻의 보조사 역할을 하는 단어로, 주어 뒤 또는 동사 앞에만 위치할 수 있습니다. 문장 내에서 cũng을 잘못 위치시켜서 사용하는 경우가 가장 많은 단어이므로, 위치 표현에 주의해야 합니다.

• 단어 활용 •

Bún chả cũng ngon. Phở cũng ngon. 분짜도 맛있어요. 쌀국수도 맛있어요.

Em là sinh viên. Anh ấy cũng là sinh viên.

저는 대학생이에요. 그 오빠도 대학생이에요.

Chị không ăn hành, cũng không ăn ớt.

언니는 파를 안 먹고, 고추도 안 먹어요.

> **Tip**
> 베트남 현지인들은 'cũng'을 'được(좋다/OK)'과 결합시켜서 'cũng được'이라는 표현을 자주 사용합니다. cũng được은 '둘 다 좋다' 또는 '괜찮다'라는 2가지 의미를 가지고 있습니다.
>
> 1. 둘 다 좋다
>   예 Cái này cũng được, cái kia cũng được. 이것도 좋고, 저것도 좋아요.
>
> 2. 괜찮다
>   'cũng được'이 한 단어로 쓰이는 경우에는 다른 사람과 대조하는 것이 아니라 그 자체가 '괜찮다'로 해석할 수 있습니다.
>   예 Anh ấy cũng được. 그 오빠가 괜찮더라.

chỉ

'chỉ'는 오직 그 대상만을 나타낼 때 '~만'이라는 의미를 나타내는 보조사 역할을 하지만, 사용 분포가 한정되어 있습니다.

기본 의미

~만

나는 커피만 마신다.

네이티브 **Anh chỉ uống cà phê.**

'chỉ'는 오직 그 대상만을 나타낼 때 '~만'이라는 의미로 사용하며, 주어 앞이나 뒤에만 사용이 가능합니다. chỉ가 주어 뒤에 올 때는 '주어가 ~밖에 하지 않거나 못한다'는 의미이며, 주어 앞에 올 때는 '주어밖에 없다'는 의미로 사용합니다. 한국어의 보조사인 '~만'이 '주어, 목적어, 부사어' 등에서 자유롭게 분포하는 것과 차이가 있으므로, 주의해야 합니다.

• 단어 활용 •

Chỉ anh ấy đến. 그 형만 왔어요.

→ [주어 앞에 위치 : 주어밖에 없다]

Chị chỉ rảnh chiều nay. 언니는 오늘 오후만 한가해.

→ [주어 뒤에 위치 : 주어가 ~밖에 하지 않거나 못한다]

Dạo này, em chỉ đi học thôi. 요즘, 제가 공부만 하러 가요.

→ [주어 뒤에 위치 : 주어가 ~밖에 하지 않거나 못한다]

> **Tip**
> 'chỉ'는 'thôi(단지 ~이다)'와 동반하는 경우가 많습니다. 그러나 thôi는 필수적인 성분이 아니므로 생략이 가능합니다.
> 예 Chị chỉ rảnh chiều nay (thôi). 언니는 오늘 오후만 한가해.

05 với

'với'는 두 명사를 연결하거나 어떤 행동을 다른 대상과 같이할 때 '~와/과'의 조사 역할을 하는 단어입니다.

조사 역할

기본 의미

~와/과

나와 그는 친구이다.

네이티브 **Tôi với anh ấy là bạn.**

'với'는 '~와/과'로 해석되며, 2가지의 위치로 나타납니다. 첫째, 「명사+với+명사」: 명사와 명사 사이에 나타나는 với는 해당 두 명사가 뒤에 나오는 행동을 같이 하거나, 어떤 상태를 동일하게 가지거나, 해당 대상들의 사이를 보여줍니다. 둘째, 「동사+với+명사」: 동사와 명사 사이에 놓이는 với는 해당 행동을 독립적으로 하지 못하고 뒤에 오는 대상이 필요하다는 것을 보여줍니다. 즉, 첫 번째 경우는 영어로 'and', 두 번째 경우는 'with'으로 해석할 수 있습니다.

• 단어 활용 •

Hoa với Lan là bạn thân. 화와 란은 친한 친구들이에요.

Em với chị ấy là chị em. 저와 그 언니는 자매예요.

Đi chợ với mẹ không? 엄마와 시장에 같이 갈래?

Tháng sau, tôi sẽ kết hôn với cô ấy. 다음 달에 내가 그 여자와 결혼할 거예요.

> **Tip**
> 영어로 'and'라는 의미를 가진 'với'는 'và'로 대체해서 사용할 수 있습니다.
> 예) **Em và anh ấy là anh em.** 저와 그 오빠는 형제예요.

ở

🎧 MP3 094

'ở'는 사용 빈도가 매우 높은 조사 또는 전치사 역할을 하는 동사이며, 독립적인 동사로도 해석이 가능합니다.

기본 의미

ở
~에서

> 나는 지금 카페에서 일하고 있다.
>
> 네이티브 **Bây giờ anh đang làm việc ở quán cà phê.**

'ở'는 '~에서'라는 뜻으로, 「동사+ở+명사(장소)」의 구조일 경우, '주어가 그 장소에서 ~한 행동을 한다'라는 의미를 나타냅니다. 문장 맨 앞에 위치해서 전치사 역할을 하기도 하고 주로 '국가, 도시' 등의 광범위한 장소를 나타낼 때 사용합니다.

다양한 의미

ở ①
~에 있다

> 나는 지금 집에 있다.
>
> 네이티브 **Bây giờ em đang ở nhà.**

'ở'는 독립적인 동사로서, '~에 있다'로 해석할 수 있습니다. 이때, 「대상+ở+장소」의 구조를 가지며, '~ 대상이 ~ 장소에 있다'라는 의미로 해석할 수 있습니다.

잠깐만요!

'ở đâu'라는 표현이 '어디'와 발음이 유사해서 단순히 '어디'라고만 인식하는 경우가 많습니다. 그러나 ở đâu는 경우에 따라서 '어디에 있다' 또는 '어디에서'로 해석할 수 있습니다.

예 Anh đang ở đâu? 오빠는 (지금) 어디에 있어요?
　　Anh làm việc ở đâu? 오빠가 어디에서 일해요?

생활 속 다양한 단어 활용

~에서

Bà đang ngủ ở trong phòng. 할머니가 방 안에서 주무시고 계세요.

Em thường gặp bạn ở đâu? 너는 보통 친구를 어디에서 만나?

Ở châu Á, nhiều quốc gia đang phát triển nhanh chóng.

아시아에서, 많은 국가가 빠르게 발전하고 있다.

Ở Việt Nam, mọi người thường đi làm lúc 7 giờ sáng và tan ca lúc

5 giờ chiều. 베트남에서, 사람들은 보통 아침 7시에 출근하고 오후 5시에 퇴근한다.

~에 있다 ①

Anh đang ở đâu? 오빠는 (지금) 어디에 있어요?

Điện thoại ở trên bàn. 전화기(핸드폰)가 책상 위에 있어요.

Công ty anh ở ga Samsung. 나의 회사는 삼성역에 있어요.

Ở công ty anh có người Việt Nam. 오빠 회사에 베트남 사람이 있어요.

한국어에서의 문장 유형은 크게 '평서문, 의문문, 명령문, 청유문, 감탄문'
으로 나뉩니다. 각각의 유형은 문장 끝에 그 유형을 규정하는 어미가 있
습니다. 베트남어에서도 이와 같은 역할을 하는 단어들이 있습니다. 문장
끝에 위치하며, '평서문, 의문문, 청유문' 등 문장의 유형을 규정해 줍니
다. 한 단어가 한 문장의 유형을 규정하는 경우도 있고 상황에 따라서 다
른 유형으로 해석되는 경우도 있습니다.

Bài **11**

문장의 뜻을
규정해 주는 **단어**

단어 미리 보기 •

1. à	3. đi	5. nhé
2. chưa	4. nào	6. nhỉ

01

à

판정 의문문은 상대에게 '예' 또는 '아니요'의 답을 요구하는 의문문을 말합니다. 주로 '~ 했니?' 또는 '~ 가니?'와 같은 질문이 이에 해당합니다.

기본 의미

판정 의문문

너는 내일 하노이에 가니?

오역 　Ngày mai em đi Hà Nội?

네이티브 **Ngày mai em đi Hà Nội à?**

베트남어에서는 억양과 상관없이 평서문 맨 끝에 'à' 붙이면 판정 의문문이 됩니다. 베트남어에서의 판정 의문문은 구성이나 유형이 평서문과 비슷하며, 말할 때 끝부분을 조금 올리는 특징이 있습니다. à 앞에 오는 내용에 대한 정보를 어느 정도 알고 있지만, 확실히 모르거나 다시 확인하고 싶을 때 사용합니다.

단어 활용

Cái này à? 이거요?

Chị là người Việt Nam à? 언니는 베트남 사람이에요?

Sinh nhật em là tháng 8 à? 너의 생일은 8월이니?

Giám đốc không có ở công ty à? 사장님이 회사에 안 계세요?

Tip

'à'는 인칭대명사 또는 이름 뒤에 붙어 그 대상을 부를 때 사용할 수도 있습니다. 이때는 의문문으로 해석하지 않습니다. 이때, à는 주로 가까이에 있는 사람의 집중을 이끌기 위해 쓰는 말입니다.

예 Mẹ à! 엄마!

　Hoa à! 화 씨! 화야!

---

02 chưa

'chưa'는 상대방에게 '자기가 모르는 것'을 물어볼 때 사용하며, 의문문 형태를 가지고 과거시제의 역할도 동시에 하므로 '과거 판정 의문문'으로 분류합니다.

기본 의미

~했니?

형은 저녁을 먹었니?

오역   Anh đã ăn tối?

네이티브   **Anh ăn tối chưa?**

베트남어에서 과거시제를 가진 평서문은 보통 'đã' 또는 'rồi'를 사용합니다. 그러나 어떤 일을 했는지 물어볼 때는 đã만 사용할 수 있으며, 베트남 현지에서는 주로 đã를 생략 후, 평서문 뒤에 'chưa'를 넣어서 표현합니다. 여기서 chưa는 동사 앞에 놓일 경우에는 '아직 ~하지 않았다'라는 뜻을 나타내지만, 평서문 끝에 위치할 경우에는 과거 판정 의문문의 형태를 가집니다. 예문과 같이, 'Anh ăn tối(형은 저녁을 먹는다)' 뒤에 chưa가 위치하면서 '형은 저녁을 먹었니?'로 바뀌는 형태입니다.

단어 활용

Chị ngủ chưa? 언니는 잤어요?

Anh tan ca chưa? 오빠는 퇴근했어요?

Em làm bài tập chưa? 너는 숙제했니?

Chị nói với anh ấy chưa? 언니가 그 오빠한테 말했어요?

> **Tip**
> 1. 'chưa 의문문'은 근접 미래시제를 나타내는 'sắp'과도 결합할 수 있습니다.
>   예 Em sắp đến chưa? 너는 거의 도착했어? / 거의 다 왔어?
> 2. 구어체에서 과거가 아니라도 'chưa 의문문'을 사용하는 경우가 있습니다.
>   예 Cái này đúng chưa? = Cái này đúng không? 이거 맞아요?

03 đi

'đi'는 '가다'의 뜻을 가진 동사입니다. 그러나 문장 끝에 위치할 경우에는 명령문 역할을 합니다.

기본 의미

~해라

> (오빠) 가!
>
> 네이티브 **Anh đi đi!**

'đi'가 명령문을 규정하는 경우에는 문장 끝에 위치하며, 그 앞에 동사가 나오면서 '앞에 오는 행동을 하라'는 의미를 나타냅니다. 이때의 **đi**는 보통 친한 사람 또는 어리거나 아랫사람에게 사용합니다. 그러나 동사 **đi**의 경우에는 독립적으로 사용할 수 있으며, 목적지 앞에 놓여 어디에 가는지를 표현하는 '~에 가다'의 의미로도 사용할 수 있으므로, 사용 분포를 잘 확인해야 합니다.

• 단어 활용 •

Anh uống cà phê đi. (오빠) 커피 마시세요.

Chị ăn thử món này đi. (언니) 이 음식을 먹어 보세요.

Em đi khám bệnh đi. (너) 진찰받으러 가.

Em ngủ sớm đi! Ngày mai đi học sớm.

(너) 일찍 자! 내일 일찍 학교에 가게.

> **Tip**
>
> 'đi'는 청유문으로 사용하는 경우도 있습니다. 이런 경우, 화자가 청자에게 간절하게 어떤 일을 같이하자고 제안할 때 주로 사용합니다.
>
> 예 Đi chơi với em đi. 저와 놀러 가요.
>
> Chúng ta xem phim này đi. 우리가 이 영화를 봐요.

04 nào

'nào'는 주로 '어떤, 어느'와 같이 관형사로 해석하지만, 문장 끝에 올 경우에는 청유문으로 바꿔주는 역할을 합니다.

기본 의미

~하자

잠깐 쉬어, 점심 먹자!

네이티브 **Nghỉ một chút, ăn trưa nào!**

'nào'가 문장 끝에 위치할 경우에는 해당 문장을 청유문으로 만들어 줍니다. 주로 또래, 친한 사람, 아랫사람에게 '~하자'라는 의미로 사용하며, 앞의 내용을 강조해주는 역할을 합니다. 그러나 nào가 명사 뒤에 올 경우, 그 명사를 수식해주는 '어떤, 어느'와 같은 관형사의 의미로 사용할 수 있으므로, 사용 분포를 잘 확인해야 합니다.

· 단어 활용 ·

Đi nào! 가자!

Xem nào! 어디 보자!

Đi nhanh lên nào! 빨리 가자!

Nghe lời mẹ nào! 엄마 말 좀 들어봐!

Tip

'nào'는 청유문을 규정하는 표현이지만, 경우에 따라서 명령문으로 해석하는 경우도 있습니다.

예 [엄마가 아이에게] **Uống thuốc nào!** 약 먹자!

☞ 엄마가 아이에게 약을 먹으라고 명령하는 것으로 이해할 수 있습니다.

nhé

'nhé'는 문장 맨 끝에 놓여 상대방에게 청유 또는 권유하는 역할을 하며, 경우에 따라서 의문문 유형으로 사용하기도 합니다.

기본 의미

nhé
~ 하자,
~ 할까

주말에 보자!

네이티브 **Cuối tuần gặp nhé!**

'nhé'는 어떤 사람에게 무엇을 같이 하자고 제안할 때, 제안하고 싶은 내용의 문장 끝에 위치하며 '~을 하자'라는 의미로 표현합니다. 예문과 같이 'cuối tuần gặp(주말에 보다)' 뒤에 'nhé'가 위치하여, '주말에 보자'라는 해석으로 바뀌는 형태입니다. 또한, nhé는 '~ 할까'라는 의미의 의문문 유형으로 사용하기도 합니다.

다양한 의미

nhé ①
~ 할게

오빠가 이따 거기에 갈게!

네이티브 **Anh đến đó sau nhé!**

'nhé'는 화자가 청자에게 자신이 어떤 행동을 곧 하겠다고 알려줄 때, '~할게'라는 의미로 사용하기도 합니다. 그러나 이런 경우는 정보 전달의 목적이 아니라 단순히 만나서 헤어질 때 하는 인사말과 같은 의미입니다. 그러므로 '~할게'의 모든 표현을 nhé로 사용해서는 안 되며, 문맥과 상황을 잘 파악해서 표현해야 합니다.

생활 속 다양한 단어 활용

~ 하자, ~ 할까

Tối nay chúng ta đi xem phim nhé! 오늘 저녁에 우리 영화 보러 가자!

Chị đi cùng với em nhé? 언니가 너랑 같이 갈까?

Trời nóng quá! Mình ăn bingsoo nhé?

날씨가 너무 더워요! 빙수나 먹을까요?

Hôm nay anh bận, ngày mai gặp nhé? 오늘은 바쁜데, 내일 볼까?

~ 할게 ①

Em đi nhé! 제가 갈게요!

Chị về trước nhé! 언니가 먼저 (집에) 돌아갈게!

Anh ăn cơm trước nhé! 오빠가 먼저 밥 먹을게!

Mẹ ngủ trước nhé! Con học bài rồi ngủ đi!

엄마는 먼저 잘게! 너는 공부하고 자!

> **Tip**
> 1. 상대방이 'nhé'를 사용해서 '~할게'라는 의미로 표현할 경우, 답변으로 '알겠다, 그렇게 하라'라는 의미로 똑같이 nhé를 사용할 수 있습니다.
>   예 A: Em đi nhé! 제가 갈게요!
>   B: Ừ, em đi cẩn thận nhé! 응, 조심히 가!
>
>   A: Chị về trước nhé! 언니가 먼저 (집에) 돌아갈게!
>   B: Vâng, chị đi nhé! 네, 언니 잘 가요!
> 2. 'nhé'와 같은 의미로 'nha'가 있지만, 북쪽 지역에서는 nhé를, 남쪽 지역에서는 nha를 더 선호합니다.

nhỉ

'nhỉ'는 문장 맨 끝에 위치하며, 화자의 느낌을 표현해 주는 역할을 하므로 감탄문을 규정하는 요소 또는 화자가 청자의 동정을 구하거나 자문할 때 쓰이는 요소의 성격을 가지고 있습니다.

기본 의미

nhỉ
~하네

그녀는 베트남어를 너무 잘하네!

네이티브 **Cô ấy nói tiếng Việt giỏi quá nhỉ!**

'nhỉ'는 '감탄문' 또는 '동정, 자문'을 규정하는 요소의 성격을 가지고 있습니다. 평서문 끝에 위치하며, 문장 앞의 내용이 화자의 느낌이라는 것을 강조할 때 사용합니다. 그러나 nhỉ는 필수적인 성분이 아니므로 문맥에 따라서 생략이 가능합니다.

다양한 의미

nhỉ ①
~지?

내 핸드폰이 어디에 있지?

네이티브 **Điện thoại của em ở đâu nhỉ?**

'nhỉ'는 의문사가 들어가 있는 문장에서 '의문문 유형'으로 사용하는 경우도 있습니다. 이때는 화자가 자신에게 스스로 질문하는 것으로 이해할 수 있습니다. 예문과 같이, 'điện thoại của em ở đâu(내 핸드폰이 어디에 있니)'는 화자가 청자의 답을 구하는 것으로 이해합니다. 그러나 그 뒤에 'nhỉ'를 위치시키면서 화자가 자신의 핸드폰을 어디에 두었는지 회상하면서 자문하는 혼잣말과 같은 형태로 변합니다.

생활 속 다양한 단어 활용

· 단어 활용 ·

~하네

Anh ấy thông minh nhỉ! 그는 똑똑하네요!

Thời tiết hôm nay đẹp quá nhỉ! 오늘 날씨가 너무 좋네요!

Phim này buồn nhưng hay nhỉ! 이 영화는 슬프지만 재미있네!

Ông ấy đã 90 tuổi nhưng vẫn còn khỏe nhỉ!

그 할아버지는 90세가 됐는데 여전히 건강하시네!

· 다양한 의미 ·

~지? ①

Mấy giờ rồi nhỉ? 몇 시가 됐지?

Hôm nay là ngày mấy nhỉ? 오늘은 며칠이지?

Nhà của Minho ở đâu nhỉ? 민호씨의 집은 어디지?

Quán cà phê hôm qua chúng ta đi là ở đâu nhỉ?

우리가 어제 갔던 카페는 어디였지?

> **Tip**
>
> 화자가 'nhỉ'를 사용해서 자신의 느낌이나 생각을 제시할 때는 '~지?'와 같이 청자의 동정을 구하는 의미로 해석할 수 있습니다.
>
> 예 A: Cái áo này đẹp nhỉ? 이 옷이 예쁘지?
>   B: Ừ. 응.
>
> 이런 경우, 'nhỉ'를 'ha'로 바꿔서 사용하기도 합니다. 특히, 남쪽 지역에서는 nhỉ보다 ha를 더 많이 사용합니다.
>
> 예 A: Món này ngon ha? 이 요리 맛있지?
>   B: Ừ. Ngon thật. 응. 진짜 맛있어.

보조 용언은 '보조 동사'와 '보조 형용사'로 나누어집니다. '∼하고 싶다, ∼하지 말다, ∼이 아니다' 등과 같은 단어들이 형용사나 동사 뒤에 위치하며 보조 동사와 보조 형용사의 역할을 합니다. 베트남어 역시 이와 같은 역할을 하는 단어들이 있습니다. 다만, 한국어와 다르게 동사 또는 형용사 앞에 위치한다는 차이점이 있습니다.

Bài **12**

보조 용언 역할을 하는 단어

단어 미리 보기 •

1.	đừng	3.	không	5.	nên
2.	không phải	4.	muốn	6.	phải

đừng

'đừng'은 동사나 형용사 앞에 위치하며, 뒤에 오는 행동을 하지 말거나 어떤 상태를 갖지 말라는 의미를 나타냅니다.

기본 의미

~하지 말다

이 회의는 매우 중요하기 때문에 늦게 오지 마십시오!

네이티브 **Cuộc họp này rất quan trọng nên đừng đến trễ!**

'đừng'은 명령문에 쓰이는 표현이며, 동사 또는 형용사 앞에 위치해서 상대방에게 '~ 행동을 하지 말라'는 표현으로 사용합니다. 주로 부사로 사용하지만, 경우에 따라서 동사로 사용하는 경우도 있습니다. đừng이 동사 또는 형용사 앞에 올 경우에는 '부사'로 사용하며, đừng이 독립적으로 사용할 경우에는 '동사'로 사용합니다. 또한, 주어가 나타날 때는 đừng이 주어 뒤에 위치해야 합니다.

· 단어 활용 ·

Đừng đi! 가지 마!

Em đừng buồn! (네가) 슬퍼하지 마!

Chị đừng lo lắng quá! (언니/누나) 너무 걱정하지 마세요!

Anh đừng nói như thế! (오빠/형) 그렇게 말하지 마세요!

Tip

* 'đừng'이 독립적으로 사용하는 경우

예 A: Em sẽ nghỉ việc. 제가 일을 그만둘 거예요.
   B: Đừng! 하지 마!

200 The 바른 베트남어 표현사전

không phải

'không phải'는 명사 앞에 위치하며, 해당 명사를 부정하는 표현입니다.

기본 의미

아니다

이것은 나의 책이 아니다.

네이티브 **Cái này không phải sách của tôi.**

'không phải'는 'phải(맞다, 옳다)'와 'không'이 결합해서 '~이 맞지 않다, ~이 아니다'라는 의미이며, 명사 앞에 위치해서 해당 명사를 부정하는 표현으로 사용합니다. không phải는 경우에 따라서 독립된 단어로도 사용할 수 있습니다.

· 단어 활용 ·

Người chị tìm không phải em.   언니가 찾는 사람은 제가 아니에요.

Tôi không phải người Việt Nam.   나는 베트남 사람이 아니에요.

Cô ấy không phải người Hàn Quốc.   그녀는 한국 사람이 아니에요.

Số này không phải số điện thoại của công ty anh.

이 번호는 우리 회사의 번호가 아니야.

> **Tip** 1. '아니다'의 표현으로 'không phải' 뒤에 'là'를 붙여서 사용할 수도 있으며, 의미는 같습니다.
>   예 Đây không phải là trường của chị. 여기는 언니의 학교가 아니다.
> 2. 'không phải'는 독립적으로 사용하는 경우도 있습니다.
>   예 A: Đây là nhà của chị à? 여기는 언니의 집이에요?
>   B: Không phải. 아니야.

không

베트남어에서는 숫자 '0'을 '아무것도 없다'라는 뜻으로 'không'이라고 합니다. 그러므로 không은 동사나 형용사 앞에 그것을 부정하는 역할을 합니다.

기본 의미

~하지 않다

우리 회사는 그 회사와 협조하지 않을 것이다.

오역   Công ty chúng tôi không sẽ hợp tác với công ty đó.

네이티브   **Công ty chúng tôi sẽ không hợp tác với công ty đó.**

'không'은 동사 또는 형용사 앞에 위치하며, 해당 행동을 하지 않거나 해당 상태를 가지지 않는다는 뜻을 나타냅니다. không은 뒤에 오는 동사나 형용사와 밀접한 관계가 있으므로, 반드시 동사 또는 형용사 바로 앞에 위치해야 합니다. 한편, 'sẽ, đã, đang' 등의 시제를 나타내는 단어는 không 앞에 위치해야 합니다.

· 단어 활용 ·

Ngày mai sẽ không mưa. 내일 비가 오지 않을 거예요.

Em không thích phim hành động. 저는 액션 영화를 좋아하지 않아요.

Cô ấy không đẹp, nhưng rất thông minh. 그 여자는 예쁘지 않지만, 아주 똑똑해요.

Họ đã không gặp nhau 10 năm rồi. 그들은 10년 동안 서로를 만나지 않았어요.

Tip

'không'은 상대방의 질문에 부정형으로 대답할 때 독립적으로 사용하는 경우도 있습니다. 그런 경우에는 '아니요'로 해석할 수 있습니다.

예 A: Ngày mai đi chơi không? 내일 놀러 갈래?
   B: Không. Ngày mai em bận. 아니요. 전 내일 바빠요.

muốn

'muốn'은 어떤 것을 원하거나 어떤 행동을 하고 싶을 때, 동사 또는 형용사 앞에 위치하며 '~을 하고 싶다'라는 의미로 사용합니다.

기본 의미

~하고 싶다

나는 호찌민 시에 있는 아파트를 사고 싶다.

네이티브 **Tôi muốn mua chung cư ở thành phố Hồ Chí Minh.**

'muốn'은 '~을 원하다, ~하고 싶다'라는 의미로 사용하며, 동사로 분류되면서 다른 동사 또는 형용사 앞에 위치하는 특징이 있습니다. muốn이 명사 앞에 위치해서 '원하다'로 해석되는 경우도 있지만, 베트남 현지에서는 잘 사용하지 않는 표현입니다.

 단어 활용

Em muốn **ăn phở.** 저는 쌀국수를 먹고 싶어요.

Em muốn **trở thành tỷ phú.** 저는 백만장자가 되고 싶어요.

Chị muốn **có nhiều tiền.** 돈을 많이 가지는 것을 원해요. / 돈을 많이 가지고 싶어요.

Ai ai cũng muốn **hạnh phúc.** 누구나 행복을 원합니다. / 누구나 행복하고 싶습니다.

> **Tip**
> * 주의가 필요한 표현
> '무엇을 원해요?' 또는 '원하는 것이 무엇인가요?'라는 의미로, 주어를 넣어 'Anh/chị muốn gì?'라고 표현하는 경우가 있습니다. 그러나 이 표현은 안 좋은 뜻으로 사용하는 것이기 때문에 사용할 때 주의해야 합니다.
> ⑩ **Anh** muốn **gì?** 원하는 게 뭔데?

05

nên

MP3 105

'nên'은 문장과 문장을 연결해주는 역할을 하며, 경우에 따라서 화자가 청자에게 조언할 때도 사용합니다.

기본 의미

nên

~하는 것이 좋다

당신은 커피를 많이 마시지 않는 것이 좋다.

오역   Em nên không uống quá nhiều cà phê.

네이티브   **Em không nên uống quá nhiều cà phê.**

'nên'은 동사 또는 형용사 앞에 위치하며, 상대에게 조언을 할 때 '~하는 것이 좋다'라는 의미로 사용합니다. 이때, nên 앞에 부정어인 'không'이 올 경우에는 '~을 안 하는 것이 좋다'라는 의미로도 표현할 수 있습니다. 예문의 경우, 'nên uống quá nhiều cà phê(커피를 많이 마시는 것이 좋다)' 앞에 không이 놓여서 không 뒤에 오는 내용 전체를 부정하는 것으로 이해할 수 있습니다. 즉, 화자가 청자에게 '커피를 많이 마시지 않는 것이 좋다'라고 조언하는 것으로 해석할 수 있습니다.

다양한 의미

nên ①

~이기 때문에, ~해서

이것은 아주 중요한 프로젝트이기 때문에 잘 준비해야 한다.

네이티브   **Đây là dự án rất quan trọng nên phải chuẩn bị kỹ.**

'nên'은 문장과 문장을 연결하는 '~이니까, ~해서, ~이기 때문에' 등의 의미로 사용하기도 합니다. 보통, 「원인/이유+nên+결과」의 구조로 표현하며, nên으로 연결되는 두 문장의 위치는 바꿀 수 없습니다.

생활 속 다양한 단어 활용

· 단어 활용 ·

~하는 것이 좋다

Chúng ta nên làm gì? 우리가 무엇을 하는 것이 좋을까요?

Anh nên nghỉ ngơi nhiều. 형은 많이 쉬는 것이 좋아요.

Em gầy quá! Em nên ăn nhiều thịt.

너는 너무 말랐어! 너는 고기를 많이 먹는 것이 좋아.

Ngày mai chúng ta nên đến sớm một chút.

내일 우리는 조금 일찍 오는 것이 좋아요.

· 다양한 의미 ·

~이기 때문에, ~해서 ①

Hôm nay là Chủ Nhật nên anh không đi làm.

오늘은 일요일이기 때문에 나는 출근하지 않아.

Tết sắp đến nên mọi người rất bận.

설날이 다가오기 때문에 사람들은 아주 바빠요. (직역 : 설날이 곧 와서 사람들은 아주 바빠요.)

Trời mưa nên em ở nhà. 비가 와서 제가 집에 있어요.

Điện thoại đó đắt quá nên em không mua. 저 핸드폰은 너무 비싸서 안 사요.

Tip

'nên'은 '되다' 또는 '이루어지다'로 해석하는 경우도 있지만, 이런 경우는 추상적인 의미로 이해합니다. 베트남어 속담 중, 추상적인 의미로 사용하는 nên의 표현이 있습니다.

(예) Có chí thì nên. 의지가 있으면 될 것이다. / 의지가 있으면 (일이) 이루어질 것이다.

phải

주로 '~해야 한다'의 의미로 사용하는 'phải'는 상황적인 의미인 '당하다', 너의 말이 '맞다'라는 의미로도 사용합니다.

기본 의미

phải
~해야 한다

나는 다음 달에 베트남으로 출장을 가야 한다.

네이티브 **Tháng sau tôi phải đi công tác Việt Nam.**

'phải'는 동사 또는 형용사 앞에 위치하며, '(동사)를 해야 한다' 또는 '(상태)를 가져야 한다'는 의미로 사용합니다. 또한, 시제를 나타내는 단어(đã, đang, sẽ)는 phải 앞에 위치하며, 부정어인 'không'이 phải 앞에 위치할 경우에는 không 뒤에 나타나는 행동을 할 필요가 없다라는 뜻으로 이해할 수 있습니다.

다양한 의미

phải ①
(상황적 의미)
당하다

나는 어제 상한 음식을 잘못 먹었다.

네이티브 **Hôm qua tôi đã ăn phải thức ăn thiu.**

'phải'는 동사 뒤에 오는 경우도 있습니다. 이때의 phải는 '원하지 않거나 안 좋은 일을 당하다'라는 의미를 가진 동사로 분류합니다. 그러나 phải가 '당하다'의 뜻으로 표현되는 것이 아니며, 단순히 무엇을 잘못하거나 기대하지 않았는데 당하게 되었다는 '상황적 의미'를 표현하는 것일 뿐입니다. 또한, 문장 내에서 '목적어'가 나오는 경우에는 phải 뒤에 위치합니다.

phải ②
옳다, 맞다

그렇게 말하는 것은 옳지 않다.

네이티브 **Nói như thế (là) không phải.**

'phải'는 '옳다' 또는 '맞다'의 뜻으로 사용하는 경우도 있습니다. 이때, phải는 명사 뒤에 위치해서 관형사처럼 쓰이는 경우도 많으며, 동사 뒤에 위치해서 부사처럼 사용하는 경우도 있습니다.

생활 속 다양한 단어 활용

· 단어 활용 ·

~해야 한다

Chị phải hạnh phúc. 언니는 행복해야 돼요.

Em không phải lo lắng. 너는 걱정하지 않아도 돼.

Anh ấy đã phải làm việc 14 tiếng một ngày.

그는 하루에 14시간씩 일해야 했었어요.

· 다양한 의미 ·

(상황적 의미) 당하다 ①

Cô ấy đã lấy phải người chồng tồi tệ. 그녀는 나쁜 남편과 결혼했어요.

Em ấy ăn phải xương cá nên đã đi bệnh viện.

그 동생은 생선 가시를 잘못 먹어서 병원에 갔어요.

Anh ấy uống phải rượu nồng độ cao nên say rồi.

그는 고농도의 술을 마셔서 취했어요.

옳다, 맞다 ②

Cái này không phải. 이것은 맞지 않아요.

Em nói vậy có phải không? 제가 이렇게 말하면 맞나요?

Anh nói phải, nhưng em không đồng ý.

형은 맞게 말했는데, 저는 동의하지 않아요. (형의 말은 맞는데, 저는 동의하지 않아요.)

> **Tip**
> 'phải' 대신 'đúng'을 사용할 수도 있습니다.
> 예 Anh nói phải. = Anh nói đúng. 형의 말이 맞아요.

Bài **13** 한결같은 단어

Bài **14** 의미 중복 합성어

Bài **15** 헷갈리면 안 되는 동음이의어

3

합성어 및
동음이의어

베트남어에는 합성어의 성격을 가지고 표현되는 단어들이 다양하게 존재합니다. 다양한 합성어와 발음이 같지만 품사나 의미가 전혀 다른 동음이의어를 학습해 보세요.

베트남어의 합성어 중에는 특정한 단어와만 결합하면서 그중 한 요소의
뜻만을 가지는 한결같은 단어들이 있습니다.

한결같은 단어

📖 단어 미리 보기 •

1.	ăn mặc	3.	đi lại	5.	nấu ăn
2.	ăn nói	4.	đi về	6.	uống thuốc

ăn mặc

'ăn mặc'은 두 단어가 결합하여 그중 하나의 요소가 가진 의미만을 나타내는 합성어입니다.

기본 의미

차려 입다

오늘은 왜 그렇에 예쁘게 차려입었어?

네이티브 **Hôm nay sao ăn mặc đẹp thế?**

'ăn mặc'은 'ăn(먹다)'과 'mặc(입다)'이 결합하여 만들어진 합성어입니다. 특이한 점은 ăn의 뜻이 포함되지 않고 mặc의 뜻만을 중심으로 '옷을 입다, 차려입다'라는 새로운 의미를 가진다는 점입니다. ăn mặc의 합성어 뒤에는 '옷, 치마, 원피스' 등 복장을 지칭하는 단어가 올 수 없습니다. 대신 ăn mặc은 부사 또는 형용사와 결합해서 사용하는 경우가 많습니다.

· 단어 활용 ·

Chị ấy lúc nào cũng ăn mặc lộng lẫy.

저 언니는 언제나 화려하게 차려입어요.

Khi đi đến trường, học sinh phải ăn mặc theo quy định.

학교에 갈 때, 학생들은 규정에 따라 옷을 입어야 합니다.

Anh ấy luôn chú ý đến cách ăn mặc của người khác.

그는 항상 다른 사람의 옷차림에 주의를 기울입니다.

Tip
'ăn'과 결합해서 만들어진 합성어 중, 'ăn mặc'과 같이 새로운 의미가 되는 합성어도 있지만, 결합 단어의 의미를 그대로 가지는 합성어도 있습니다.

예) **ăn uống** 먹고 마시다   **ăn ngủ** 먹고 자다   **ăn học** 먹고 공부하다

'ăn nói'는 '말하다'라는 뜻을 가지고 있지만, 부정적인 의미로 어떤 사람의 말투를 지적할 때도 사용할 수 있습니다.

기본 의미

말하다

그는 아주 예의 없이 말한다.

네이티브 **Anh ấy ăn nói rất bất lịch sự.**

'ăn nói'는 'ăn(먹다)'과 'nói(말하다)'로 만들어진 합성 동사입니다. ăn nói의 특이한 점은, ăn의 뜻이 포함되지 않고 nói의 뜻만을 가진다는 점입니다. 그러나 ăn nói는 nói와 달리 부정적인 의미이며, 말하는 사람의 '말투, 표현, 말하는 방법' 등을 지적할 때 사용하는 합성어입니다. ăn nói를 독립적으로 사용할 경우에는 부정적인 의미를 나타내지만, 긍정의 의미를 나타내는 '부사'와 결합할 경우에는 단순히 '말하다'로 해석하기도 합니다.

단어 활용

Ăn nói **cẩn thận!** 말을 조심히 해요!

Ăn nói **đàng hoàng đi!** 말을 제대로 해!

Ăn nói **vậy có được không?** 그렇게 말해도 돼?

Chị ấy luôn ăn nói **nhẹ nhàng.** 그 언니는 항상 말을 가볍게 해요.

đi lại

'đi lại'는 'đi(가다)'와 'lại(다시)'가 결합하여 만들어진 합성어입니다. 그러나 '다시 가다'라는 뜻을 가지지 않고 '왕래하다'라는 뜻으로 사용합니다.

기본 의미

이동하다, 왕래하다

날마다, 그녀가 여전히 낡은 오토바이로 이동한다.

네이티브 **Hằng ngày, cô ấy vẫn đi lại bằng chiếc xe máy cũ.**

'đi lại'는 'đi'와 'lại'가 결합하여 만들어진 합성어입니다. đi lại에서의 lại는 기본 의미인 '다시'로 해석하지 않고 한자어에서 온 '오다'의 뜻을 가진 동사로 풀이됩니다. 그러므로, đi lại는 'đi(가다)'와 'lại(오다)'의 의미가 합해진 '왕래하다, 이동하다'라는 의미로 해석할 수 있습니다.

· 단어 활용 ·

Chân em đau nên đi lại bất tiện. 제 다리가 아파서 이동하는 게 불편해요.

Chị thường đi lại bằng xe máy nhưng hôm nay thì đi bằng taxi.

언니는 보통 오토바이로 이동하는데 오늘은 택시로 가요.

Tôi thường xuyên đi lại giữa Hàn Quốc và Việt Nam.

나는 한국과 베트남을 자주 왕래해요.

> **Tip** '가본 곳을 다시 간다'는 표현을 할 때는 'đi lại' 대신 'quay lại'라고 해야 합니다.
> 예 나는 베트남에 다시 가고 싶다.
> Tôi muốn đi lại Việt Nam.　　　(×)
> Tôi muốn quay lại Việt Nam.　　(○)

214　The 바른 베트남어 표현사전

đi về

'đi về'는 'đi(가다)'와 'về(오다)'가 결합하여 원래 있던 곳으로 '돌아가다/오다, 들어가다'라는 의미를 나타내는 합성어입니다.

기본 의미

**돌아가다,
돌아오다,
들어가다**

너는 일찍 (집에) 돌아가!

오역   Em đi sớm đi!

네이티브 **Em đi về sớm đi!**

'đi về'는 보통 '원래 있던 곳' 또는 '속해있던 곳'으로 돌아갈 때 사용합니다. 오역된 표현으로 '가다' 또는 '돌아가다'를 표현할 때 đi를 사용하고, '오다' 또는 '돌아오다'를 표현할 때 về를 사용해서 표현하는 경우가 많습니다. 그러나 베트남어에서는 '가다'와 '오다'를 화자의 위치 기준으로 구분하지 않기 때문에 đi về로 표현해야 합니다.

Anh phải đi về công ty để họp. 나는 회사에 돌아가서 회의해야 해.

Tuần sau, em phải đi về Việt Nam. 다음 주에, 제가 베트남에 돌아가야 해요.

Mưa rồi. Chị đi về đi. Đừng đợi anh ấy.

비 왔어요. 언니 들어가세요. 그를 기다리지 마세요.

> **Tip**
> 'về'는 'đi về'와 뜻이 유사하기 때문에 về만 사용해도 무방합니다. 다만, 'đi'와 같이 사용할 경우에는 가는 행위를 조금 더 강조하는 느낌을 줍니다. 특히, 어떤 사람을 보고 가라고 할 때, về보다 đi về를 사용하는 것이 더 강조의 표현이 됩니다.
> 예 Bây giờ, em đi về nhà. = Bây giờ, em về nhà. 지금, 저는 집에 가요.

05

nấu ăn

MP3 111

'nấu ăn'은 'nấu(요리하다, 음식을 만들다, (음식) 끓이다)'와 'ăn(먹다)'이 결합하여 만들어진 합성 동사입니다.

기본 의미

요리하다

나는 요리하는 것을 좋아한다.

오역   Tôi thích nấu.

네이티브   **Tôi thích nấu ăn.**

'nấu'와 'ăn'의 합성어인 'nấu ăn'의 특이한 점은, ăn의 뜻이 포함되지 않고 nấu의 뜻만을 가진다는 점입니다. 그러나 nấu ăn는 단지, 요리하는 행위만을 지칭하는 표현이므로, nấu ăn 뒤에 '음식' 또는 '음식 이름'이 올 수 없습니다. 만약, '베트남 음식 만드는 것을 좋아한다.'처럼 요리하는 행위가 아닌 정확한 음식 이름이 나오는 표현일 경우에는 'nấu'만을 사용해야 합니다.

· 단어 활용 ·

Em thường nấu ăn ở nhà. 저는 보통 집에서 요리를 해요.

Anh ấy nấu ăn rất ngon. 그는 요리를 아주 잘해요.

Mẹ em không giỏi nấu ăn. 우리 엄마는 요리하는 것을 잘하지 못해요.

Chị có thích nấu ăn không? 언니는 요리하는 것을 좋아해요?

06 uống thuốc

'uống thuốc'은 '약을 먹다'라는 표현이지만, '약(thuốc)'과 '먹다(ăn)'를 결합해서 사용하지 않도록 주의해야 합니다.

기본 의미

약을 먹다

나는 감기약을 먹어서 조금 졸리다.

오역   Em ăn thuốc cảm nên hơi buồn ngủ.

네이티브   **Em uống thuốc cảm nên hơi buồn ngủ.**

'uống thuốc'은 '약을 먹다, 복용하다'라는 의미이며, 'uống(마시다)'과 'thuốc(약)'이 결합하여 만들어진 합성어입니다. 흔히, '약을 먹다'에서 '먹다'의 뜻을 가진 'ăn'을 'thuốc'과 결합시켜서 사용하는 경우가 있으나 베트남어에서 ăn은 '액체, 음료' 등과 결합하지 못합니다. 특히, 약의 경우에는 '알약' 외에 '물약, 가루약' 등 형태가 다양하고 물과 함께 복용하므로, uống이 더 자연스럽습니다.

· 단어 활용 ·

Anh uống thuốc **chưa?** 형이 약 먹었어요?

Chị rất ghét uống thuốc. 나는 약 먹는 것을 아주 싫어해.

Uống thuốc **điều độ sẽ hết bệnh.** 약을 규칙적으로 먹으면 병이 없어질 거예요.

Uống thuốc **này 2 lần 1 ngày nhé!** 이 약을 하루에 2번 먹어요!

> **Tip**
> '복용하다'라는 의미로 'uống thuốc' 대신 'dùng thuốc'도 있습니다. 그러나 베트남 현지에서는 uống thuốc을 더 많이 사용합니다.
> 예 **Chị không nên** dùng thuốc **nhiều.** 언니는 약을 많이 복용하지 마세요.

베트남어의 합성어 중에는 같은 의미를 가진 두 단어를 결합하여 사용하는 경우가 있습니다. 이러한 합성어를 '의미 중복 합성어'라고 합니다. 이러한 표현들은 문맥에 따라서 각각의 단어가 독립적으로 사용하기도 하고 합성어의 형태로 결합하여 사용하기도 합니다. 의미 중복 합성어는 '방언'의 속성을 가지고 남쪽과 북쪽 지역에서 주로 쓰이는 표현들을 양쪽 지역에 구분 없이 사용할 수 있다는 특징이 있습니다.

의미 중복 합성어

단어 미리 보기 •

1. dơ bẩn
2. hình ảnh
3. hôi thối
4. la mắng
5. lau chùi
6. tìm kiếm

dơ bẩn

🎧 MP3 113

'dơ bẩn'은 '더럽다'라는 의미이며, 'dơ'와 'bẩn'이 결합하여 만들어진 의미 중복 합성 어입니다.

기본 의미

더럽다

이 방은 어둡고 더럽다.

네이티브 **Căn phòng này tối tăm và dơ bẩn.**

'dơ'와 'bẩn'은 '더럽다'라는 의미를 가진 단어로, '방언'의 속성이 있습니다. dơ 는 남쪽(호찌민 시 중심)에서 많이 쓰이는 표현이고, bẩn은 북쪽(하노이 중심) 에서 많이 쓰이는 표현입니다. 'dơ bẩn'은 dơ와 bẩn이 결합하여 만들어진 의 미 중복 합성어로, 지역 구분 없이 사용이 가능합니다. 또한, 예문처럼 앞에 2음절 형용사가 나올 경우, dơ나 bẩn 대신 2음절 형용사인 dơ bẩn을 쓰는 것 이 더 자연스럽습니다.

· 단어 활용 ·

Vi khuẩn thường có ở những nơi dơ bẩn.

세균은 보통 더러운 곳에 있어요.

Không được nói và làm những việc dơ bẩn.

더러운 말과 일은 하면 안 돼요.

Tính cách của anh ấy rất dơ bẩn nên không có bạn bè.

그의 성격이 아주 더러워서 친구가 없어요.

Tip

일상생활에서의 '더러운 물건'에 대해 말할 때는, 지역에 따라서 'dơ'나 'bẩn'을 쓰 는 것이 더 자연스럽습니다.

예 Cái áo này hơi dơ. = Cái áo này hơi bẩn. 이 옷은 조금 더러워요.

02 hình ảnh

'hình ảnh'은 '사진'이라는 의미이며, 'hình'과 'ảnh'이 결합하여 만들어진 의미 중복 합성어입니다.

기본 의미

사진

이것은 아직 공개되지 않은 사진들이다.

네이티브 **Đây là những hình ảnh chưa được công bố.**

'hình'과 'ảnh'은 '사진'라는 의미를 가진 단어로, '방언'의 속성이 있습니다. hình은 남쪽에서 많이 사용하는 표현이고, 'ảnh'은 북쪽에서 많이 사용하는 표현입니다. 'hình ảnh'은 hình과 ảnh이 결합하여 만들어진 의미 중복 합성어로, 지역 구분 없이 사용이 가능합니다. 경우에 따라서 **hình ảnh**은 '상징적 표현'으로 사용하는 경우도 있습니다. 상직적인 표현으로 사용된 경우에는 **hình ảnh**을 **hình**이나 **ảnh**으로 대체할 수 없습니다.

• 단어 활용 •

Có thể tìm bằng hình ảnh.

사진으로 검색할 수 있어요.

Bạn có thể đăng tải tối đa 5 hình ảnh.

최대 5장의 사진을 업로드할 수 있습니다.

Cấm sử dụng hình ảnh khi không được cho phép.

허락 없이 사진 도용 금지.

Hành động của cô ấy là một hình ảnh đẹp.

그녀의 행동은 아름다운 이미지(모습)예요. [상징적 표현]

hôi thối

'hôi thối'는 '냄새가 나쁘다'라는 의미이며, 'hôi'와 'thối'가 결합하여 만들어진 의미 중복 합성어입니다.

기본 의미

(냄새) 나쁘다

상한 음식은 나쁜 냄새가 나서 아주 불쾌하다.

네이티브 **Thức ăn thiu có mùi hôi thối rất khó chịu.**

'hôi'와 'thối'는 '(냄새) 나쁘다'라는 의미를 가진 단어로, '방언'의 속성이 있습니다. hôi는 남쪽에서 많이 사용하는 표현이고, thối는 북쪽에서 많이 사용하는 표현입니다. 'hôi thối'는 hôi와 thối가 결합하여 만들어진 의미 중복 합성어로, 지역 구분 없이 사용이 가능합니다. hôi thối는 격식적 맥락이나 문어체에서 주로 사용하며, 구어체에서는 '냄새가 나쁘다'는 표현을 강조하고 싶을 때 주로 사용합니다.

 · 단어 활용 ·

Mùi gì hôi thối **thế?** 무슨 냄새인데 그렇게 나빠요?

Con sông bị ô nhiễm rất hôi thối. 오염된 강이 냄새가 아주 나빠요.

Đây là sản phẩm giảm mùi hôi thối **của chân.**

이것은 발의 악취를 줄이는 상품입니다.

Có mùi hôi thối **bốc lên từ trong nhà máy.**

공장 안에서 악취가 나온다.

* mùi hôi thối 악취

la mắng

🎧 MP3 116

'la mắng'는 '야단치다'라는 의미이며, 'la'와 'mắng'이 결합하여 만들어진 의미 중복 합성어입니다.

기본 의미

야단치다

우리 부모님은 절대로 야단을 치지 않는다.

네이티브 **Bố mẹ của chúng tôi không bao giờ la mắng.**

'la'와 'mắng'은 '야단치다'라는 의미를 가진 단어로, '방언'의 속성이 있습니다. la는 '남쪽'에서 많이 사용하는 표현이고, mắng은 '북쪽'에서 많이 사용하는 표현입니다. 'la mắng'은 la와 mắng이 결합하여 만들어진 의미 중복 합성어로, 지역 구분 없이 사용이 가능합니다. la mắng은 la와 mắng보다 '야단치다'라는 의미가 조금 더 강조된 표현입니다.

의미 중복 합성어

단어 활용

Bà ấy suốt ngày la mắng chồng. 그 아줌마는 맨날 남편을 야단쳐요.

La mắng là thói quen không tốt. 야단치는 것은 안 좋은 습관이에요.

Ông ấy lúc nào cũng la mắng con cái. 그 할아버지는 항상 아이들을 야단쳐요.

Bố em hay la mắng nhưng rất thương em.

우리 아빠는 야단을 자주 치지만, 저를 아주 사랑해요.

> **Tip**
> 남쪽 표현과 북쪽 표현을 결합시켜서 한 단어로 쓰이는 경우에는 남쪽 표현이 앞에 위치합니다. 아무리 의미가 같다고 해도 두 단어를 도치할 수 없습니다.
> mắng la (✕)   la mắng (〇)

05

lau chùi

'lau chùi'는 '청소하다, 닦다'라는 의미를 가진 'lau'와 'chùi'가 결합하여 만들어진 의미 중복 합성어이며, 결합 요소와 같은 의미로 사용합니다.

기본 의미

청소하다, 닦다

나는 매달 한 번씩 집을 청소한다.

네이티브 **Tôi lau chùi nhà cửa mỗi tháng 1 lần.**

'lau chùi'는 'au'와 'chùi'가 결합하여 만들어진 의미 중복 합성어 입니다. 세 단어 모두 행주나 휴지 등으로 '닦는다'는 의미를 가지고 있지만, lau나 chùi는 보통 무엇을 닦는지 뒤에 목적어가 나오는 반면, lau chùi는 목적어의 유/무에 상관없이 사용합니다. 다만, lau chùi는 뒤에 오는 목적어가 다양하지 않습니다. 특히, lau chùi는 2음절인 단어이므로, 뒤에 오는 목적어가 1음절일 경우에는 어울리지 않습니다.

• **단어 활용** •

Công việc của dì ấy là lau chùi. 그 이모의 일은 청소하는 것입니다.

Con sẽ giúp mẹ lau chùi phòng khách.

제가 거실을 청소하는 것으로 엄마를 도와줄게요.

Tôi thường lau chùi phòng mỗi cuối tuần.

나는 주말마다 방을 청소해요.

Em đang lau chùi bàn ghế. 저는 테이블하고 의자를 닦고 있어요.

Tip
'chùi'에 비해 'lau'는 발음과 어감이 더 좋은 표현입니다. 1음절 목적어와 결합할 때는 lau나 chùi를 사용하는 것이 더 좋습니다.
예 **Em lau bàn chưa?** 너는 테이블을 닦았어?
Chùi sạch ghế đi. 의자를 깨끗이 닦아라.

tìm kiếm

'tìm kiếm'은 '찾다, 구하다'라는 의미를 가진 'tìm'과 'kiếm'이 결합하여 만들어진 의미 중복 합성어이며, 결합 요소와 같은 의미로 사용합니다.

기본 의미

찾다, 검색하다

우리는 환경을 위한 새로운 해결책을 찾고 있다.

네이티브 **Chúng tôi đang tìm kiếm giải pháp mới cho môi trường.**

'tìm kiếm'은 'tìm'과 'kiếm'이 결합하여 만들어진 의미 중복 합성어입니다. 세 단어 모두 '찾다' 또는 '구하다'의 의미를 가지고 있지만, tìm kiếm은 구어체에서는 많이 사용하지 않고 뒤에 오는 목적어도 구어체의 문장이 아닙니다. tìm kiếm은 주로 인터넷에서 많이 사용하는 용어인 '검색'으로 해석하는 경우가 많습니다.

의미 중복 합성어

 단어 활용

Người cô ấy tìm kiếm vẫn chưa xuất hiện.

그녀가 찾는 사람이 아직 나타나지 않았다.

Không có kết quả tìm kiếm. 검색한 결과가 없습니다.

Đây là chức năng tìm kiếm mới. 이것은 새로운 검색 기능입니다.

Tip
1. 목적어가 없는 경우에는 'tìm'이나 'kiếm'보다 'tìm kiếm'이 더 자연스러운 표현입니다. 예를 들어, '검색한 결과가 없습니다'의 표현으로 'Không có kết quả tìm.' 또는 'Không có kết quả kiếm.'은 어색한 표현입니다.

2. '목적어가 나오거나 '시제'를 나타내는 말이 있는 경우에는 'tìm'이나 'kiếm'의 사용이 가능합니다.
   - Em đang tìm sách tiếng Việt. = Em đang kiếm sách tiếng Việt.
     저는 베트남어책을 찾고 있어요.

동음이의어란, 형태와 발음이 같지만, 품사나 의미가 전혀 다른 단어들을
말합니다. 베트남어에는 '긍정 피동, 부정 피동, 피동의 의미를 가진 단어'
로 나누어집니다.

Bài **15**

헷갈리면 안 되는
동음이의어

📖 **단어 미리 보기** •

1. **bị**   3. **chắc**   5. **vừa**

2. **được**   4. **hay**

bị

동사 앞에 놓여 해당 동사를 부정 피동의 의미로 나타내는 'bị'는 행위나 상태가 좋지 않은 것을 의미하는 '부정 표현'으로도 사용합니다.

기본 의미

bị
부정 피동

> 그는 여자친구에게 차였다.
>
> 네이티브 **Anh ấy đã bị bạn gái đá.**

'bị'는 부정 피동으로서, bị 뒤에 오는 동사를 '안 좋은 의미'로 표현할 때 사용하며, bị가 동사 앞에 위치할 때 피동의 의미를 나타냅니다. 누구에게 어떤 일을 당할 때, 해당 행위의 주체가 bị와 동사 사이에 위치하게 됩니다. 예문의 경우, '여자친구에게 차였다'라는 문장에서 '여자친구(bạn gái)'라는 말이 'bị(피동)'와 'đá(차다)' 사이에 위치하여, 행위의 주체인 '여자친구'에게 '차였다'는 피동형이 이루어집니다.

다양한 의미

bị ①
부정 표현

> 나는 넘어져서 다쳤다.
>
> 네이티브 **Em (bị) ngã nên bị thương.**

'bị'는 동사 또는 형용사 앞에 위치해서 피동이 아닌, 행위나 상태가 좋지 않은 것을 의미하는 '부정 표현'으로도 사용합니다. 여기서 '부정 표현'은 생략이 가능하고 '피동'은 생략할 수 없다는 차이점이 있습니다. 부정 표현의 의미로 쓰이는 bị는 주로 '병이나 증상' 앞에 오는 경우가 많습니다. 예문의 경우, 동사 앞에 나온 bị는 부정 표현의 의미로 생략이 가능하지만, 뒤에 나온 'bị thương(다치다)'은 bị가 피동의 의미로 자리 잡고 있으므로 생략할 수 없습니다.

생활 속 다양한 **단어** 활용

· 단어 활용 ·

부정 피동

Em bị mẹ mắng. 제가 엄마한테 야단맞았어요.

Cô Lee bị tai nạn giao thông. 이 선생님이 교통사고를 당했어요.

Tuần trước, anh ấy đã bị đuổi. 지난주에, 그는 잘렸어요.

1. 'bị tai nạn giao thông'의 'tai nạn giao thông'은 '교통사고'라는 뜻으로 동사가 아닌 명사입니다. 이처럼 무엇을 당한다고 할 때 'bị' 뒤에는 동사뿐만 아니라 명사가 위치할 수도 있습니다.

2. '욕먹다'의 경우는 '욕'과 '먹다'를 따로 해석해서 직역할 수도 있지만, 'chửi(욕하다)'라는 한 단어로 표현이 가능합니다. 이때, 'chửi'를 피동으로 만들 때는 앞에 'bị'를 넣어서 쓰는 것이 규칙입니다.
   예) ăn chửi = bị chửi
   * 'ăn chửi'는 '욕하는 것을 먹다'라는 뜻으로 통속적인 표현이므로, 일부의 현지인들만 사용합니다.

· 다양한 의미 ·

부정 표현 ①

Em đang (bị) viêm họng. 저는 인후염에 걸렸어요.

Chị (bị) đau đầu từ hôm qua. 언니는 어제부터 두통을 앓고 있다.

Mặt em (bị) nổi mụn vì ăn nhiều thức ăn cay.

매운 음식을 많이 먹어서 제 얼굴에 여드름이 났어요.

* 'bị'의 다른 의미
1. 'bị'는 명사로서 '작은 천 가방'을 지칭하기도 합니다. 하지만 이 표현은 일부 지역 또는 노년 계층에서만 사용합니다.

2. 여자들의 '월경, 월경 상태'를 암시적으로 표현할 때도 'bị'라는 표현을 사용합니다.
   예) Em đang bị nên tâm trạng không tốt lắm.
   저는 월경 중이라 기분이 별로 안 좋아요.

được

동사 앞에 놓여 해당 동사를 긍정 피동의 의미로 나타내는 'được'은 뒤에 오는 문장이 긍정적인 의미임을 보여주는 '긍정 표현'으로도 사용합니다.

기본 의미

được
긍정 피동

그는 상사에게 칭찬을 받아서 기분이 좋다.

네이티브 **Anh ấy được sếp khen nên tâm trạng tốt.**

'được'은 동사 앞에 위치하며 '긍정 피동'의 의미를 나타냅니다. 또한, 긍정적인 의미를 가진 동사 앞에만 위치할 수 있습니다. 예문과 같이, 'sếp khen'은 'khen(칭찬하다)'한 사람이 'sếp(상사)'이 되므로 '상사가 칭찬하다'로 해석할 수 있습니다. 여기서 긍정 피동의 được을 위치시키면 'được sếp khen'으로 '상사에게 칭찬을 받았다'의 피동형 해석이 이루어집니다.

다양한 의미

được ①
긍정 표현

나는 이 책을 샀다.

네이티브 **Tôi mới mua (được) quyển sách này.**

'được'은 'bị'와 문장 내에서 유사한 역할을 합니다. 다만, bị가 동사 또는 형용사 앞에 놓여서 뒤에 오는 문장이 부정적인 의미임을 보여준다면, được은 뒤에 오는 문장이 긍정적인 의미임을 보여준다는 차이가 있습니다. 그뿐만 아니라 được이 동사 앞에 올 경우, '그 (동사)가 기대했던 것인데 이제서야 할 수 있게 됐다'는 의미로 해석되며, 형용사 앞에 올 경우에는 '원래 가졌던 상태에 비해서 더 좋은 상태로 변화했다'는 의미로 표현할 수 있습니다. 하지만 피동의 의미를 가진 được과 달리 '긍정 표현'으로 사용하는 được은 필수적인 성분이 아니므로, 생략해도 의미가 많이 달라지지 않습니다.

được ②
할 수 있다

이것은 먹을 수 있습니까?

직역 Cái này có thể ăn không?

네이티브 **Cái này ăn được không?**

'được'은 'có thể'와 함께 가능성을 나타내는 표현 중, 가장 많이 사용합니다. 특히, được은 có thể에 비해 일상생활에서 사용 빈도가 더 높습니다. được은 동사 뒤에 위치하고 '해당 행동을 할 수 있다'라는 의미로 사용하며, được 앞에 부정형인 'không'이 위치해서 'không được'이 될 경우에는 '할 수 없다'로 해석할 수 있습니다.

생활 속 다양한 단어 활용

· 단어 활용 ·

긍정 피동

Em mới được tặng quà. 제가 방금 선물을 받았어요.

Chồng tôi đã được thăng chức. 내 남편이 승진됐어요.

Chị ấy được thưởng vì làm việc chăm chỉ.

그 언니는 열심히 일해서 상을 받았어요.

> **Tip**
> 'được tặng quà'는 '선물을 받다'라는 의미로 사용하지만, 'tặng quà'는 '선물'이라는 명사가 아닌 '선물하다'라는 동사입니다.

· 다양한 의미 ·

긍정 표현 ①

Ai ai cũng muốn (được) hạnh phúc. 누구나 행복하고 싶어 해요.

Hôm nay chúng ta (được) ăn ngon. 오늘은 우리 맛있는 거 먹어요.

Tháng sau, em sẽ (được) đi du lịch nước ngoài.

다음 달에, 제가 해외여행을 가게 될 거예요.

할 수 있다 ②

Em ăn được rau mùi. 저는 고수(야채)를 먹을 수 있어요.

Tôi nói được tiếng Việt. 나는 베트남어를 할 수 있어요.

Anh uống được cà phê đen không? 형은 블랙커피를 마실 수 있어요?

Ngày mai em không đi được. 내일은 제가 갈 수 없어요.

chắc

주로 '튼튼하다'의 의미로 사용하는 'chắc'은 동음이의어로 '확실하다, 아마'라는 의미로도 사용합니다.

기본 의미

chắc
튼튼하다

> 그의 근육이 아주 튼튼하다.
>
> 네이티브 **Cơ bắp của anh ấy rất chắc.**

'chắc'은 형용사로서 명사를 수식하고, 흔히 '튼튼하다'라는 의미로 사용합니다. 주로 '사람의 몸, 근육이나 튼튼한 물건'을 지칭하는 명사와 결합해서 사용합니다.

다양한 의미

chắc ①
확실하다,
확실히

> 나는 그가 올 것이라고 확신한다.
>
> 네이티브 **Em chắc anh ấy sẽ đến.**

'chắc'이 어떤 상황의 결과에 대한 굳은 믿음을 표현할 때는 '확실하다, 확실히'의 뜻으로 표현합니다. 이때, 형용사로 사용하는 경우에는 '확실하다'로, 부사로 사용하는 경우에는 '확실히'로 해석할 수 있습니다. '확실하다'라는 의미는 신념에 대한 표현을 의미하기도 하므로 문맥에 따라서 '확신하다'로 해석할 수 있습니다.

chắc ②
아마

> 아마 그가 오지 않을 것이다.
>
> 네이티브 **Chắc anh ấy sẽ không đến.**

'chắc'은 추측의 의미로 사용하는 경우도 있습니다. 추측의 의미로 사용하는 경우, chắc은 문장 앞(주어 앞)에 오는 경우가 많으며, chắc 뒤에 추측할 내용이 위치합니다.

생활 속 다양한 단어 활용

튼튼하다

Sợi dây này chắc quá nhỉ! 이 줄이 너무 튼튼하네요!

Cua có thịt chắc là cua ngon. 살이 튼튼한 게는 맛있는 게예요.

Chân của anh khỏe và chắc lắm! 오빠의 다리는 강하고 아주 튼튼해!

확실하다, 확실히 ①

Anh có chắc không? 오빠가 확실해요?

Không chắc thì đừng nói. 확실하지 않으면 말하지 마.

Em không biết chắc đây là cái gì. 저는 이것이 무엇인지 확실히 알지 못해요.

> **Tip**
> 1. 'chắc'이 주어 앞에 위치할 경우에는 '아마'라는 추측을 나타내므로 주의해야 합니다.
> 2. '확실하다, 확실히'로 쓰이는 'chắc'은 'chắc chắn'으로 대체할 수 있습니다.
> 예 Chắc chắn! 확실해!

아마 ②

Chắc trời sắp mưa. 아마 비가 곧 올 것 같아요.

Chắc em ấy là học sinh. 아마 그 아이가 학생인 것 같아요.

Chắc tuần sau anh phải đi công tác. 아마 다음 주에 내가 출장 가야 할 것 같아.

> **Tip**
> 'chắc'은 추측의 의미 중 가장 많이 사용하는 표현입니다. 그 외에 'hình như, có lẽ' 등도 있으며, hình như는 chắc으로 대체할 수 있습니다.
> 예 Chắc trời sắp mưa. = Hình như trời sắp mưa. 비가 곧 올 것 같다.

🎧 MP3 122

hay

'좋다, 재미있다'는 의미의 형용사 'hay'는 동음이의어로, '잘, 자주'라는 의미의 부사나 '~이나/거나'라는 의미의 접속사로도 사용할 수 있습니다.

기본 의미

hay
(형용사)
좋다,
재미있다

이 영화 진짜 좋다!

오역   Phim này tốt thật!

네이티브   **Phim này hay thật!**

'hay'를 형용사로 사용할 경우, 어떤 내용이 좋거나 흥미로울 때 '좋다, 재미있다'는 감정 표현의 의미로 사용합니다. 예문과 같이, '좋다'는 표현으로 'tốt'을 사용하는 경우가 있습니다. 그러나 tốt은 성격 또는 물건의 품질이 좋을 때 사용하며, 감정 표현의 의미로는 사용하지 않습니다. 참고로, 현재 많은 교재에서 '재미있다'는 표현을 'thú vị'라고 표기하고 있습니다. 그러나 베트남 현지에서는 'thú vị'라는 표현을 잘 사용하지 않습니다.

다양한 의미

hay ①
(부사)
잘

그녀는 노래를 아주 잘한다.

네이티브   **Cô ấy hát rất hay.**

'hay'를 부사로 사용할 경우에는 동사의 위치에 따라서 2가지의 의미로 해석할 수 있습니다. hay가 동사 뒤에 위치할 경우, 언어나 악기 등을 잘한다는 의미의 '잘'로 해석하며, hay가 동사 앞에 위치할 경우에는 빈도를 나타내는 '자주'라는 의미로 해석할 수 있습니다.

생활 속 다양한 단어 활용

· 단어 활용 ·

(형용사) **좋다, 재미있다**

Bài hát này hay lắm. 이 노래는 아주 좋아요.

Giai điệu này nghe hay quá! 이 멜로디는 듣기가 아주 좋네요!

Sách tiếng Việt này rất hay. 이 베트남어책이 아주 재미있어요.

Phim này vừa hay vừa cảm động. 이 영화는 재미있고 감동적이에요.

Chương trình giải trí 'Running Man' rất hay.

'런닝맨' 예능 프로그램은 아주 재미있어요.

· 다양한 의미 ·

(부사) **잘 ①**

Em nói hay nhỉ? 너 말 잘하네?

Chị ấy viết văn hay quá! 그 언니는 글을 너무 잘 쓰네요!

Anh ấy nói tiếng Anh hay lắm. 그 오빠는 영어를 아주 잘해요.

Chị Hoa đàn (piano) cũng hay và hát cũng hay.

화 언니는 악기(피아노)도 잘 치고 노래도 잘 불러요.

> **Tip**
> 'hay'는 '잘하다'의 동사로는 사용하지 않습니다. '~을 잘하다'라는 의미로 사용할
> 경우에는 hay가 아닌 'giỏi'라는 표현을 사용해야 합니다.
>
> 예 제 동생은 공부를 아주 잘해요.
> Em của em học rất hay. (X) → Em của em học rất giỏi. (O)
>
> 우리 엄마는 요리를 아주 잘해요.
> Mẹ của em nấu ăn rất hay. (X) → Mẹ của em nấu ăn rất giỏi. (O)

hay ②

(부사)

자주

나는 여름에 여행을 자주 간다.

네이티브 **Tôi hay đi du lịch vào mùa hè.**

'hay'가 동사 앞에 위치할 경우, 빈도 부사로서 '자주'라는 의미로 사용합니다. hay 외에 '자주'라는 표현을 가진 'thường'이 있습니다. thường은 문맥에 따라서 '보통'으로 해석하는 경우도 있지만, hay는 '자주'로만 해석할 수 있다는 차이가 있습니다. 또한, 두 표현을 결합해서 'thường hay(자주)'라는 의미 중복 합성어 형태로 사용하기도 합니다.

hay ③

**~이나/거나,
선택 의문문**

아침에 나는 반미나 쌀국수를 먹는다.

네이티브 **Buổi sáng tôi thường ăn bánh mì hay phở.**

'hay'는 「명사+명사」, 「형용사+형용사」, 「동사+동사」처럼, 같은 품사의 단어들을 연결해서 '~이나' 또는 '~거나'라는 의미로 접속사 역할을 하기도 합니다. 또한, hay로 선택을 나타내기도 하는데, 이때의 의문문을 '선택 의문문'이라고 합니다.

잠깐만요!

1. '~이나' 또는 '~거나'로 사용하는 'hay'는 'hoặc'으로 대체해서 사용할 수도 있습니다. 그러나 hoặc은 의문문과 어울리지 않습니다.

   예 Em uống trà hoặc uống cà phê? (×)
   Anh ấy thường ăn bánh mì hoặc phở vào buổi sáng. (O)
   그는 아침에 반미나 쌀국수를 먹어요.

2. 'hay'는 평서문에서도 사용이 가능합니다. 대화할 때, hay 뒤에 là를 붙이면 문맥이 더 자연스러워집니다.

생활 속 다양한 단어 활용

(부사) 자주 ②

Chồng tôi hay đi nhậu với bạn. 나의 남편은 친구들하고 한잔하러 자주 가요.

Em hay thức dậy trễ vào cuối tuần. 저는 자주 주말에 늦게 일어나요.

Chị có hay đi hát karaoke không? 언니는 노래방에 자주 가요?

Anh ấy hay uống cà phê vào buổi sáng. 그는 아침에 커피를 자주 마셔요.

Khi còn nhỏ, em hay ngủ trong giờ học.

어렸을 때, 저는 수업 시간에 자주 잤어요.

~이나/거나, 선택 의문문 ③

Cuối tuần em thường ở nhà hay (là) đi gặp bạn.

저는 주말에 집에 있거나 친구를 만나러 가요.

Em uống trà hay cà phê? 차를 마실래 커피를 마실래?

Anh ăn cay hay không cay?

형은 매운 것을 먹어요 안 매운 것을 먹어요?

Chị thích người đẹp trai hay thông minh?

언니는 잘생긴 사람을 좋아해요 똑똑한 사람을 좋아해요?

Nên đi du lịch vào mùa xuân hay mùa thu nhỉ?

봄에 여행갈까 가을에 여행갈까?

vừa

부사로서 '방금, 막'의 의미로 사용하는 동음이의어 'vừa'는 형용사로 사용할 경우에는 '맞다, 적당하다', 음식과 결합할 경우에는 '간이 잘 되다'라는 의미로도 사용합니다.

기본 의미

vừa
(부사)
방금, 막

사장님이 방금 도착했다.

직역 Giám đốc đã vừa đến.

네이티브 **Giám đốc vừa đến.**

'vừa'가 부사로서 동사 앞에 위치할 경우, 해당 행동이 이루어진지 얼마 안 됐다는 의미를 가진 '방금, 막'의 의미로 사용합니다. 이 표현은 과거시제가 포함된 단어이므로, 과거시제를 나타내는 'đã'를 사용하지 않습니다. 또한, 평서문에서 많이 사용하며, 의문문의 경우에는 '확인 의문문'에서만 사용할 수 있습니다.

다양한 의미

vừa ①
**맞다, 적당하다,
적당히**

이 신발이 (사이즈) 맞니?

네이티브 **Đôi giày này vừa không?**

'vừa'를 형용사로 사용할 경우, 더 하지도 않고 덜 하지도 않은 '적당하다'라는 의미로 표현할 수 있습니다. 특히, '신발, 옷' 등의 사이즈에 대한 표현일 경우에 vừa를 많이 사용합니다. vừa 뒤에 동사가 오면 부사인 '적당히'로 해석할 수 있습니다.

vừa ②
간이 잘 되다

간이 잘 됐는지 맛봐!

네이티브 **Nếm thử xem có vừa không!**

'vừa'가 음식과 결합할 경우에는 '간(맛)이 잘 되다'라는 의미로 의문문 또는 명령문에서 사용합니다. 평서문에서는 '입(miệng)'과 결합해서 '맛이 잘 돼서 입에 맞다', '간이 잘 되다'라는 의미로 표현할 수 있습니다.

생활 속 다양한 단어 활용

· 단어 활용 ·

(부사) 방금, 막

Em vừa đi làm về. 저는 방금 퇴근하고 왔어요.

Anh vừa uống cà phê. 오빠는 방금 커피를 마셨어.

Công ty đối tác vừa gọi điện đến. 파트너 회사가 방금 전화했어요.

Tôi vừa mới gặp Minho trước cửa công ty.

나는 방금 회사 정문 앞에서 민호 씨를 만났어요.

> **Tip** '방금, 막'의 의미로 사용하는 'vừa'는 'mới' 또는 'vừa mới'로 대체해서 사용할 수
> 도 있습니다.
> 예 Em vừa ăn tối. = Em mới ăn tối. = Em vừa mới ăn tối. 저는 방금 저녁을 먹었어요.

· 다양한 의미 ·

맞다, 적당하다, 적당히 ①

Áo này to quá! Không vừa với em. 이 옷은 너무 커요! 저에게 맞지 않아요.

Size này vừa với anh không? 이 사이즈는 오빠한테 적당해요?

Ăn vừa thôi. Đừng ăn nhiều quá! 적당히 먹어. 너무 많이 먹지 마!

간이 잘 되다 ②

Gia vị nêm vừa không? 양념이 잘 되어 있나요? (간이 잘 되어 있나요?)

Món ăn Việt Nam rất vừa miệng. 베트남 음식은 간이 잘 되어 있어요.

Em thấy món này vừa. Không mặn, không ngọt.

나는 이 음식의 간이 맞아요. 짜지도 않고 달지도 않아요.

Bài **16** 새로운 뜻으로 변하는 합성어

Bài **17** 사전에 없는 신조어

4

원어민처럼
말하기

네이티브한 베트남어 표현을 위해서는, 다른 의미를 가진 두 단어가 결합하여 둘 중 어느 단
어의 의미도 아닌 새로운 의미를 가지는 합성어와 최근 SNS에서 사용되는 신조어의 의미를
정확히 이해하고 사용하는 것이 중요합니다. 새로운 의미를 가지는 합성어에 대해 알아보
고, 최근 SNS에서 흔히 사용되지만 사전에는 없는 주요 신조어도 함께 학습해 보세요.

베트남어에는 독립된 1음절 단어들이 결합하여 새로운 뜻으로 만들어지는 합성어들이 있습니다. 베트남어가 음절마다 띄어쓰기 때문에 단어마다 따로 해석하여 풀이되는 경우가 매우 많으므로, 합성어에 대한 정확한 의미를 알고 있어야만 네이티브한 표현이 가능합니다.

새로운 뜻으로 변하는 합성어

📖 단어 미리 보기 •

1.	**buồn ngủ**	4.	**dễ chịu**	6.	**tốt bụng**
2.	**cứng đầu**	5.	**khó chịu**	7.	**xem mắt**
3.	**có mặt**				

buồn ngủ

'buồn'과 'ngủ'의 합성어인 'buồn ngủ'는 구성 요소의 뜻을 나타내지 않고 새로운 뜻인 '졸리다'의 의미로 사용합니다.

 기본 의미

졸리다

> 나는 어제 늦게 자서 지금 너무 졸리다.
>
> 네이티브 **Hôm qua tôi ngủ trễ nên bây giờ buồn ngủ quá.**
>
> 'buồn ngủ'는 'buồn(슬프다)'과 'ngủ(자다)'가 결합하여 만들어진 합성어입니다. 그러나 'buồn(슬프다)'의 뜻이 사라지고 단순히 뒤에 오는 행동이 이루어질 것 같은 상태가 된다는 '의미'만을 가지면서 '졸리다'라는 새로운 뜻으로 사용합니다.

 · 단어 활용 ·

Em có buồn ngủ **không?** 너 졸리니?

Học buổi sáng buồn ngủ **lắm.** 아침에 공부하는 것은 아주 졸려요.

Sáng nay em dậy sớm nên buồn ngủ **quá.**

저는 오늘 아침에 일찍 일어나서 너무 졸려요.

Anh hơi buồn ngủ **nên muốn uống cà phê.**

오빠가 조금 졸려서 커피를 마시고 싶어.

> **Tip**
>
> 'buồn ngủ'처럼 'buồn' 뒤에 동사와 결합해서 새로운 단어로 만들어지는 경우가 있습니다.
>
> 예 **buồn cười** 웃기다   **buồn nôn** 구역질이 나다
>
> * 'buồn' 뒤에 'vui(기쁘다/기뻐하다)'가 올 경우에는 두 단어를 모두 해석합니다.
>
> **buồn vui** 슬픔과 기쁨

cứng đầu

형용사 'cứng'과 명사 'đầu'가 결합하여 만들어진 합성 형용사인 'cứng đầu'는 구성 요소의 뜻을 나타내지 않고 새로운 뜻인 '고집이 세다'의 의미로 사용합니다.

기본 의미

고집이 세다

그녀는 고집이 센 사람이다.

네이티브 **Cô ấy là người cứng đầu.**

'cứng đầu'는 형용사 'cứng(딱딱하다)'과 명사 'đầu(머리)'가 결합하여 만들어진 합성 형용사입니다. 그러나 '머리가 딱딱하다' 또는 '딱딱한 머리'로 해석하지 않고 '고집이 세다'라는 새로운 뜻으로 사용합니다. cứng đầu의 특징 중 하나는 동사가 나와야 하는 위치에 와서 동사처럼 해석하는 경우도 있습니다.

Đừng cứng đầu quá! 고집이 너무 세게 하지 마라! (고집부리지 마!)

Sao anh cứng đầu vậy? 오빠는 왜 그렇게 고집이 세요?

Cứng đầu quá cũng không tốt. 고집이 너무 센 것도 좋지 않아요.

Em ấy rất cứng đầu nên không nghe ý kiến của người khác.

그 동생은 고집이 아주 세기 때문에 다른 사람의 의견을 듣지 않아요.

> **Tip**
> 'cứng đầu'와 비슷한 의미로 사용하는 표현으로는 'bướng bỉnh' 또는 'lì lợm'이 있습니다. 그러나 두 표현은 어리거나 아랫사람에게 많이 사용하는 표현입니다.
> **Ông ấy rất bướng bỉnh.** 그 할아버지는 고집이 아주 세다. (×)
> **Em trai tôi rất bướng bỉnh.** 나의 남동생은 고집이 아주 세다. (O)

có mặt

MP3 126

'출시하다, 나타나다'의 의미로 사용하는 합성어 'có mặt'은 구어체뿐만 아니라 문어체에서도 많이 사용하며, '나오다, 출석하다'라는 의미로도 사용합니다.

기본 의미

có mặt
출시하다,
나타나다

이 상품은 6월 말에 출시할 것이다.

네이티브 **Sản phẩm này sẽ có mặt vào cuối tháng 6.**

'có mặt'은 'có(있다/소유하다/가지다)'와 'mặt(얼굴)'이 결합하여 만들어진 합성어입니다. có mặt은 경우에 따라서 의미가 조금 달라질 수 있지만, '얼굴이 있다'로 해석하지 않고 어떤 상품이 새로 출시될 때 '~을 출시하다, ~이 나타나다'의 전혀 새로운 뜻으로 사용합니다.

다양한 의미

có mặt ①
나오다,
출석하다,
존재하다

[미팅에서] 민호 씨는 오늘 안 나왔다.

네이티브 **Hôm nay Minho không có mặt.**

'có mặt'은 '무정물'뿐만 아니라 '유정물(사람이나 동물)'에도 사용합니다. 이때는 무엇을 새로 출시하는 것이 아니라, 어떤 사람(혹은 동물)이 어떤 장소에 '존재하거나 출석하는 것'을 나타냅니다. 학교나 회사 등과 같은 곳에서 출석을 체크할 때도 이 표현을 많이 사용합니다. 예문과 같이, 'Minho không có mặt'이라고 할 때 '민호 씨는 오늘 얼굴이 없다'라고 해석하지 않고 'có mặt'을 '나오다, 출석하다'라는 하나의 단어로 인식해서 '민호 씨는 오늘 안 나왔다'로 해석해야 합니다.

생활 속 다양한 단어 활용

• 단어 활용 •

출시하다, 나타나다

Đây là thiết bị mới chưa có mặt trên thị trường.

이것은 시장에 아직 출시되지 않은 새로운 장비입니다.

Khi nào sản phẩm này mới có mặt ở Việt Nam?

이 상품은 언제 베트남에 출시되나요?

Mỹ phẩm Hàn Quốc đã có mặt ở nhiều nơi tại Việt Nam.

한국 화장품이 베트남의 여러 곳에서 나타났어요.

• 다양한 의미 •

나오다, 출석하다, 존재하다 ①

Ngày mai mọi người phải có mặt đúng giờ.

내일 여러분은 정각에 나와야 해요.

Hôm nay có 3 nhân viên không có mặt trong cuộc họp.

오늘 회의에 직원 3명이 출석하지 않았어요.

Con người đã có mặt trên trái đất từ hàng triệu năm trước.

인간은 지구에서 몇백만 년 전부터 존재했다.

dễ chịu

🎧 MP3 127

'좋다, 시원하다'의 의미로 사용하는 합성어 'dễ chịu'는 성격이 '순하다/소탈하다'라는 의미로도 사용합니다.

기본 의미

dễ chịu
좋다,
시원하다

오늘 날씨가 참 좋다.

네이티브 **Thời tiết hôm nay thật dễ chịu.**

'dễ chịu'는 'dễ(쉽다)'와 'chịu(견디다)'가 결합하여 만들어진 합성어입니다. 그러나 '견디기가 쉽다'로 해석하지 않고 날씨에 적용해서 '날씨가 기분 좋게 한다'라는 의미로 '(날씨가) 좋다/시원하다'의 새로운 뜻으로 사용합니다. dễ chịu는 덥지도 춥지도 않은 알맞은 날씨에 많이 사용하며, 한국의 봄과 가을의 날씨 상태 정도로 인식할 수 있습니다. 또한, 날씨뿐만 아니라 기분 좋게 하는 다른 것과도 결합해서 사용할 수 있습니다.

다양한 의미

dễ chịu ①

(성격)
순하다,
소탈하다,
쉽다

그녀의 성격이 순해서 누구나 좋아한다.

네이티브 **Tính tình cô ấy dễ chịu nên ai cũng thích.**

'dễ chịu'는 '성격'에 쓰이는 경우도 있습니다. 주로 '사람/동물의 성격'에 사용하며 상대의 성격이 '순하거나 어떤 자극을 받아도 화를 내지 않고 까다롭지 않다'는 의미로 사용할 수 있습니다.

생활 속 다양한 단어 활용

좋다, 시원하다

Mùi hương này rất dễ chịu. 이 향은 아주 좋아요.

Cuộc sống ở đây thật thoải mái, dễ chịu.

여기의 삶은 정말 편하고 좋네요.

Sau khi uống thuốc, tôi cảm thấy dễ chịu hơn.

약을 먹은 후, 나는 더 좋아졌어요.

Tắm bằng nước ấm dễ chịu hơn. 따뜻한 물로 씻으면 더 시원해요.

(성격) 순하다, 소탈하다, 쉽다 ①

Anh ấy rất hiền và dễ chịu. 그는 아주 착하고 순해요.

Em bé này dễ chịu lắm. Không khóc.

이 아이는 아주 순해요. 울지 않아요.

Giáo viên của chúng tôi là người dễ chịu.

우리 선생님은 소탈한 분이세요.

Tôi không phải là người dễ chịu, nhưng cũng không quá khó tính.

나는 쉬운 사람이 아니지만, 너무 깐깐하지도 않아요.

🎧 MP3 128

khó chịu

'불편하다, 불쾌하다'의 의미로 사용하는 합성어 'khó chịu'는 성격이 '까다롭다/깐 깐하다'라는 의미로도 사용합니다.

기본 의미

khó chịu
불편하다,
불쾌하다

의자가 딱딱해서 조금 불편하다.

네이티브 **Ghế cứng nên hơi khó chịu.**

'khó chịu'는 'khó(어렵다)'와 'chịu(견디다)'가 결합하여 만들어진 합성어입니다. 그러나 khó chịu는 '견디기가 어렵다'로 해석하지 않고 어떤 유정물의 날씨 또는 어떤 물건으로 인해 느끼는 '불쾌감'을 표현할 때 사용합니다. 사람의 건강 상태에 쓰이는 경우도 있지만, 그때는 '어딘가 아파서 불쾌하다'라는 의미로 표현할 수 있습니다.

다양한 의미

khó chịu ①
까다롭다,
깐깐하다

언니가 남자친구와 헤어져서 요즘 성격이 조금 까다로워졌다.

네이티브 **Chị chia tay với bạn trai nên dạo này tính cách hơi khó chịu.**

'khó chịu'는 '사람의 성격'이나 '심정'에 쓰이는 경우도 있습니다. 성격의 경우, 깐깐하거나 까다로운 성격 등 작은 자극에도 쉽게 화내는 성격을 말합니다. 심정의 경우, 대상자가 어떤 일 때문에 기분이 안 좋아지는 상태를 말합니다.

생활 속 다양한 단어 활용

불편하다, 불쾌하다

Đôi giày này chật chội, khó chịu quá. 이 신발은 작고, 너무 불편해요.

Bụng em hơi khó chịu. 제 배가 조금 불쾌해요.

Thời tiết mùa hè khó chịu quá. 여름 날씨가 너무 불쾌해요.

Mùi nước hoa này hơi khó chịu nên em không thích.

이 향수의 냄새가 조금 불쾌해서 저는 안 좋아요.

까다롭다, 깐깐하다 ①

Người già thường khó chịu hơn người trẻ.

늙은 사람은 젊은 사람보다 더 까다로워요.

Cô ấy không khó chịu. Cô ấy rất thân thiện.

그는 까다롭지 않아요. 그는 아주 친절해요.

Anh ấy trông có vẻ khó chịu nhưng rất hòa đồng.

그는 까다로워 보이지만 아주 사교적이에요.

Mọi người nói tôi là người khó chịu.

사람들은 내가 깐깐한 사람이라고 해요.

tốt bụng

🎧 MP3 129

'마음씨가 좋다'의 의미로 사용하는 합성어 'tốt bụng'은 사람의 성격에만 사용한다는 특징이 있습니다.

기본 의미

마음씨가 좋다

우리의 사장님은 마음씨가 아주 좋다.

직역 Giám đốc của chúng tôi tấm lòng rất tốt.

네이티브 **Giám đốc của chúng tôi rất tốt bụng.**

'tốt bụng'은 'tốt(좋다)'과 'bụng(배)'이 결합하여 만들어진 합성 형용사입니다. 그러나 bụng이 '배'가 아닌 '마음'을 암시하기 때문에, '좋은 배, 배가 좋다'로 해석하지 않고 '마음씨가 좋다' 또는 '마음씨가 착하다'로만 해석할 수 있습니다. tốt bụng은 성격이 좋고 사람들을 잘 도와주는 사람에게 많이 사용하는 표현이며, 사람의 성격에만 사용하는 특징이 있습니다.

단어 활용

Cô ấy xinh đẹp nhưng không tốt bụng.

그녀는 아름답지만, 마음씨가 착하지 않아요.

Ông ấy hơi khó chịu nhưng rất tốt bụng.

그 할아버지는 조금 까다롭지만, 마음씨가 착해요.

Xung quanh tôi có rất nhiều người tốt bụng.

내 주변에는 마음씨가 좋은 사람이 아주 많아요.

Người tốt bụng sẽ được mọi người yêu mến.

마음씨가 착한 사람은 모든 사람의 사랑을 받을 수 있어요.

07

xem mắt

'xem'과 'mắt'의 합성어인 'xem mắt'은 구성 요소의 뜻을 나타내지 않고 새로운 뜻인 '선보다'의 의미로 사용합니다.

기본 의미

선보다

오늘 나는 선보러 갈 것이다.

네이티브 **Hôm nay em sẽ đi xem mắt.**

'xem mắt'은 'xem(보다)'과 'mắt(눈)'으로 결합하여 만들어진 합성 동사입니다. xem mắt은 '눈을 보다'로 해석하지 않고 '소개팅, 미팅' 등 이성과의 만남을 보러 갈 때 '선보다'라는 의미로 표현할 수 있습니다.

· 단어 활용 ·

Em không thích xem mắt. 저는 선보는 것을 안 좋아해요.

Em đã bao giờ đi xem mắt **chưa?** 너는 선을 보러 가봤어?

Người Việt Nam có đi xem mắt **không?** 베트남 사람은 선을 보나요?

Anh đã đi xem mắt **nhiều lần nhưng không có người anh thích.**

나는 여러 번 선을 봤는데, 내가 좋아하는 사람이 없어.

Tip
'xem mắt' 대신 'xem mặt'라는 표현도 많이 사용합니다. xem mặt에서의 'mặt'은 '얼굴'이라는 뜻을 가지고 있으므로, 이 두 표현은 같은 의미로 사용할 수 있습니다.
예 **Chủ Nhật này em đi** xem mặt. 이번 일요일에 저는 선보러 가요.

베트남 사람들의 SNS를 보면, 종종 이해할 수 없는 표현들이 나옵니다. 사전에는 다른 의미가 나오거나 뜻이 나오지 않는 경우도 있습니다. 그러한 단어들은 베트남 사람들이 사용하는 신조어 또는 유행어와 비속어들이기 때문입니다. 현지인이 가장 많이 사용하는 신조와 비속어를 알아보세요.

사전에 없는
신조어

📖 단어 미리 보기 •

1. **anh hùng bàn phím**
2. **cạn lời**
3. **bó tay**
4. **ế**
5. **gấu**
6. **ghê**
7. **mặn**
8. **sống ảo**
9. **thánh**

anh hùng bàn phím

'anh hùng bàn phím'은 최근에 생겨난 표현이며, SNS에서 많이 사용하는 비속어입니다.

기본 의미

키보드 영웅

요즘 인터넷에 키보드 영웅이 많네!

네이티브 **Dạo này trên mạng có nhiều anh hùng bàn phím nhỉ!**

'anh hùng bàn phím'은 'anh hùng(영웅)'과 'bàn phím(키보드)'이 결합하여 만들어진 표현이며, SNS에서 잘 모르면서 아는 것처럼 글을 쓰거나 댓글을 남기는 사람들을 비판할 때 사용하는 비속어입니다. 악플을 남긴 사람뿐만 아니라 남의 일을 자기의 것처럼 생각 없이 판단하는 사람에게도 이 표현을 사용해서 비판할 수 있습니다.

• 단어 활용 •

Đây là thời đại của anh hùng bàn phím.

지금은 키보드 영웅의 시대이다.

Không biết thì đừng nói. Đừng làm anh hùng bàn phím.

모르면 말하지 마라. 키보드 영웅 하지 마라.

Anh hùng bàn phím đang gây ảnh hưởng xấu đến mạng xã hội.

키보드 영웅은 SNS에 나쁜 영향을 미치고 있다.

256 The 바른 베트남어 표현사전

02 cạn lời

'cạn lời'는 주로 젊은 층과 SNS에서 많이 사용하는 신조어로, 황당한 상황에서 하는 표현입니다.

기본 의미

**할 말이 없다,
말이 없는 상태**

나는 할 말이 없어.

네이티브 **Em cạn lời rồi.**

'cạn lời'는 'cạn(얕다)'과 'lời(말)'가 결합하여 만들어진 표현이며, 어처구니없는 상황이나 황당한 상황에서 더 이상의 할 말이 없는 경우에 사용하는 표현입니다. 주로 SNS에서 젊은 층이 많이 사용하며 문장보다는 독립적으로 사용하는 경우가 더 많습니다. 비슷한 의미로 '**Không có gì để nói.**(할 말이 없습니다.)'가 있습니다.

・ 단어 활용 ・

Cạn lời! 할 말이 없네!

Chị nói thế thì em cũng cạn lời.

언니가 그렇게 말하면 나는 더 이상 할 말이 없어.

Em cũng cạn lời **với suy nghĩ của anh ấy.**

저도 그 오빠의 생각에 할 말이 없어요.

Tất cả mọi người đều cạn lời. 모든 사람들이 다 말이 없어요.

> **Tip**
> 'cạn lời'는 'bó tay'와 비슷한 의미가 있지만, 젊은 층에 한정되어 사용하므로 bó tay보다 사용 빈도는 낮습니다.

신조어

bó tay

손/팔을 깁스하는 행동을 나타내는 'bó tay'는 기본 의미에서 확장하여 오래전부터 '할 말이 없다, 방법이 없다'라는 의미로도 사용하는 표현입니다.

기본 의미

bó tay
손/팔 깁스하다

나는 그에게 손을 깁스해주고 있다.

네이티브 **Tôi đang bó tay cho anh ấy.**

'bó tay'는 손이나 팔을 깁스하는 행동을 의미합니다. 그러나 경우에 따라서 '묶다, 깁스하다'로 해석할 수 있습니다. 'tay'는 '팔, 손'을 지칭하는 표현입니다.

다양한 의미

bó tay ①
방법이 없다,
할 말이 없다

하느님도 방법이 없다.

네이티브 **Chúa cũng bó tay.**

'bó tay'는 손이나 팔을 깁스했을 때 활동이 불편해지는 상황에서 확장되어 '어떤 상황에서 화자가 더이상 할 말이 없거나 해결할 방법이 없다'라는 의미로 사용하기도 합니다. 특히, 어떤 사람이 한 행동이나 생각이 전혀 이해되지 안 거나 어이없다고 느껴질 때 bó tay로 표현할 수 있습니다. '할 말이 없다' 또는 '방법이 없다'라는 의미보다 더 강조되어 표현됩니다.

생활 속 다양한 단어 활용

손/팔 깁스하다

Bác sĩ sẽ bó tay cho anh. 의사 선생님이 (당신의) 손/팔을 깁스해 줄 거예요.

Lúc bé, em đã từng bó tay. 어렸을 때, 저는 팔 깁스를 한 적이 있어요.

Em bị gãy tay nên phải bó tay. 나는 팔이 부러져서 팔 깁스를 해야 해요.

Em phải bó tay trong 1 tháng. 너는 1개월 동안 팔 깁스를 해야 해.

Anh ấy bị bó tay phải nên không thể viết chữ.

그는 오른손을 깁스해서 글을 쓸 수 없어요.

방법이 없다, 할 말이 없다 ①

Bác sĩ cũng bó tay rồi. 의사도 방법이 없어요.

Bó tay! Anh cũng không biết phải làm sao.

방법이 없어! 나도 어떻게 할지 모르겠네.

Em bó tay với suy nghĩ của anh. 저는 오빠의 생각에 할 말이 없어요.

Anh nói như thế thì tôi cũng bó tay.

형이 그렇게 말하면 나도 할 말이 없어요.

Sau khi nghe anh ấy nói, mọi người đều lắc đầu, bó tay.

그의 말을 들은 후, 모든 사람은 머리를 저었고, 할 말이 없었다.

ế

 MP3 134

ế는 오래전부터 사용해 온 표현이며, 장사가 '잘 안된다', '싱글인 상태'를 의미하는 표현입니다.

기본 의미

ế

(장사)

잘 안되다

요즘은 장사가 너무 (잘) 안되네.

네이티브 **Dạo này buôn bán ế quá.**

'ế'는 형용사로 분류되는 단어입니다. 주로 장사나 장사와 관련되는 단어와만 결합해서 장사가 '잘 안된다'라는 의미로 사용합니다. 장사를 할 때 손님이 없을 때도 'ế' 뒤에 '손님'이라는 말을 붙여서 사용할 수 있습니다.

다양한 의미

ế ①

싱글인 상태

나는 싱글이야. 애인이 없어.

네이티브 **Em đang ế. Em không có người yêu.**

'ế'는 결혼할 나이가 지나서 결혼하지 못하는 상태를 지칭하는 표현(노처녀, 노총각)이었지만, 최근에는 젊은 세대에서도 애인이 없는 경우에 ế를 사용해서 그 상태를 표현합니다. 하지만 ế는 단순히 '싱글'이라는 뜻만 가지고 있는 것은 아닙니다. 비속어로 '연애하고 싶어도 연애할 사람이 없다'는 뜻도 포함합니다.

 잠깐만요!

베트남 웹상에서 애인이 있는지 질문했을 때, 'Em chưa có người yêu, em còn đang sợ ế đây này.(저는 아직 애인이 없는데, 노처녀가 될까 봐 걱정하고 있어요.)'라고 답변하는 경우가 많습니다. 이 표현은 젊은 층에서 최근 많이 사용하는 농담 중 하나입니다.

생활 속 다양한 단어 활용

· 단어 활용 ·

(장사) 잘 안되다

Hôm nay bán ế nên không có tiền.

오늘은 장사가 (잘) 안돼서 돈이 없어요.

Vào mùa mưa, việc kinh doanh rất ế.

우기에는, 사업이 너무 (잘) 안돼요.

Quán ăn này ngon và rẻ nhưng ế khách.

이 음식점은 맛있고 저렴하지만, 손님이 잘 없어요.

> **Tip** 'ế' 앞이나 뒤에 부사 또는 khách과 같은 명사가 오지 않는 경우에는 'ế ẩm'의 형식으로 사용하는 것이 더 자연스럽습니다.
> 예 Dạo này buôn bán ế ẩm. 요즘은 장사가 잘 안돼요.

· 다양한 의미 ·

싱글인 상태 ①

Chị ấy đã 35 tuổi nhưng vẫn ế.

그 언니는 이미 35살이 되었지만, 아직도 시집을 못 가요.

Em không ế. Em không muốn có bạn trai.

저는 연애를 못 하는 것이 아니에요. 저는 남자친구를 가지고 싶지 않아요.

Anh ấy chưa có người yêu. Vẫn còn đang ế.

그는 아직 애인이 없어요. 여전히 싱글이에요.

gấu

🎧 MP3 135

'gấu'는 '곰'을 의미하는 표현이었으나, 최근 '애인'을 가리키는 표현으로도 많이 사용하고 있습니다.

기본 의미

gấu
곰

너는 곰을 좋아하니?

네이티브 **Em có thích gấu không?**

'gấu'는 명사로서, 모든 종류의 '곰'을 지칭하는 표현입니다. '북극곰, 나무늘보, 판다' 등 '곰'의 종류가 구체적으로 나올 때, **gấu** 뒤에 '명칭'을 넣어서 사용합니다. 예를 들어, '북극곰'일 경우, 'gấu(곰)'이 앞에 오고 'Bắc Cực(북극)'이 뒤에 나와 'gấu Bắc Cực'으로 표현합니다.

다양한 의미

gấu ①
애인

30살이지만, 아직 애인이 없다.

네이티브 **30 tuổi mà vẫn chưa có gấu.**

웹상에서 사용하는 'gấu'는 기본 의미인 '곰'으로 사용하지 않고 '애인'이라는 의미로 사용합니다. '애인'의 의미로 사용하는 **gấu**는 구어체에서만 사용이 가능하며, 친하지 않거나 나이 많은 사람 또는 윗사람에게는 사용할 수 없습니다.

 잠깐만요!

'gấu'는 형용사로 '갱처럼 생겼다, 험상궂다'라는 의미로 사용하는 경우도 있습니다. 하지만 이런 의미는 극히 일부의 경우에서만 사용합니다.

예 **Hôm nay nhìn** gấu **quá ha!** 오늘은 험상궂어 보이네!
Ngày xưa nhìn gấu **hơn bây giờ.** 옛날에는 지금보다 더 험상궂게 생겼었다.

생활 속 다양한 **단어** 활용

 단어 활용

곰

Em thích gấu trúc. 저는 판다를 좋아해요.

Koala tiếng Việt là 'gấu túi'. 코알라는 베트남어로 '주머니의 곰'이에요.

Gấu Bắc Cực sống ở Bắc Cực. 북극곰은 북극에서 살아요.

Anh muốn mua gấu bông tặng bạn gái.

오빠가 여자친구한테 줄 곰 인형을 사고 싶어.

> **Tip**
> 'gấu bông'에서의 'bông'은 '꽃'이 아니라 '코튼(cotton)'을 가리키는 말입니다.
> 그러므로 'gấu bông'은 코튼이 들어가 있는 '곰 인형'을 말합니다. 또한, 곰이 아닌
> 다른 모양의 인형도 'gấu bông'을 사용해서 지칭하는 경우가 많습니다.

 다양한 의미

애인 ①

Em có gấu chưa? 너 애인 있어?

Anh chưa có gấu. 오빠는 아직 애인 없어.

Anh muốn mua quà sinh nhật cho gấu.

나는 애인에게 생일 선물을 사주고 싶어.

Gấu của anh xinh không? 형의 애인은 예뻐요?

Gấu của em muốn đi du lịch nước ngoài.

제 애인이 해외여행을 가고 싶어 해요.

MP3 136

ghê

'ghê'는 문맥에 따라서 나쁜 뜻과 좋은 뜻으로 사용하기 때문에 상황과 문맥을 잘 파악해서 판단해야 합니다.

기본 의미

ghê
징그럽다,
무섭다

상처가 너무 징그러워 보인다.

네이티브 **Vết thương trông ghê quá.**

'ghê'의 기본 의미는 '징그럽다'입니다. 이 표현은 '상처, 피' 등과 같이 보기에 징그럽고 공포스러운 느낌이 있는 경우에 많이 사용합니다. 또한, 귀신이나 무섭게 생긴 것을 표현할 때도 사용이 가능합니다.

다양한 의미

ghê ①
추하다,
못생겼다,
흉하다,
맛이 없다

그녀의 화장은 너무 추하다.

네이티브 **Cô ấy trang điểm ghê quá.**

'ghê'는 화자가 어떤 대상에 대한 거리감을 느끼고 강력하게 지적하고 싶을 때 ghê라는 표현을 사용하기도 합니다. 특히, 어떤 대상의 외모에 대해 '못생겼다'는 의미를 강조하거나 '맛없는 음식, 못 먹는 음식' 등에도 '맛이 없다'라는 의미로 ghê를 사용할 수 있습니다.

ghê ②
멋지다,
멋지게,
대단하다

그는 아주 멋지다. 그는 5개 국어를 할 수 있다.

네이티브 **Anh ấy ghê lắm. Anh ấy có thể nói 5 thứ tiếng.**

'ghê'는 대부분의 경우에서 부정적인 의미로 사용하지만, '멋지다'처럼 보통 기준보다 훨씬 더 뛰어난 상태를 표현하기도 합니다. 또한, 형용사로서 독립적으로 사용하는 경우도 있지만, 동사 뒤에 놓이면 부사로 사용하기도 합니다. 그러나 동사 뒤에 놓이면 앞에 오는 동사의 의미에 따라서 부정적인 의미로 해석될 수도 있으므로 사용에 주의해야 합니다.

생활 속 다양한 단어 활용

단어 활용

징그럽다, 무섭다

Phim ma này ghê lắm. 이 귀신 영화는 아주 징그러워요/아주 무서워요.

Em sợ máu lắm. Máu ghê lắm. 저는 피를 아주 무서워해요. 피는 아주 징그러워요.

Lúc nãy trên đường có tai nạn, ghê lắm!

아까 길에 사고가 났는데, 아주 무서웠어!

다양한 의미

추하다, 못생겼다, 흉하다, 맛이 없다 ①

Bạn trai của nó thấy ghê. 그 애의 남자친구는 (진짜) 못생겼어.

Màu tóc này ghê quá. Đừng nhuộm. 이 헤어 컬러는 너무 흉하다. 염색하지 마.

Hành tây ghê lắm. Chị không ăn. 양파가 아주 맛이 없어. 난 안 먹어.

> **Tip** 상대방이 한 말에 재미있게 비난할 때도 'ghê'를 사용할 수 있습니다. 이때는 ghê
> 와 'quá'를 결합해서 사용하는 경우가 많습니다.
> 예 A: Anh hát cho em nghe nhé? 오빠가 너한테 노래 불러줄까?
> (노래 부른다)
> B: Ghê quá! (놀림) 너무 못 불렀어!

멋지다, 멋지게, 대단하다 ②

Chị ấy ghê lắm. Cái gì cũng biết. 그 언니는 아주 멋져요. 무엇이든 다 알아요.

Ghê thật! Anh đã làm hết công việc đó rồi à? 진짜 대단해요! 그 일을 다 했어요?

Em ăn ghê thật. 너는 참 잘 먹네. ['대단하다'라는 의미가 포함되어 있음]

mặn

'mặn'은 짠맛을 표현하는 단어로 주로 음식과 결합하여 사용했으나, 최근 성격이나 프로그램 등의 재미와 흥미 유/무에 대한 표현으로도 사용하고 있습니다.

기본 의미

mặn
짜다

> 소금은 당연히 짜야지.
> 네이티브 **Muối đương nhiên phải mặn.**

'mặn'은 짠맛을 표현할 때 사용하는 형용사로서, 소금이나 짠맛이 있는 음식에 많이 사용합니다. mặn 앞이나 뒤에 정도 부사를 넣어서 짠맛의 정도를 더하거나 덜할 수 있으며, mặn 앞에 부정 부사인 'không'을 넣어 '짜지 않다'는 뜻을 나타낼 수도 있습니다.

다양한 의미

mặn ①
재미있다

> 그는 말하는 게 재미있네.
> 네이티브 **Anh ấy nói chuyện mặn nhỉ.**

'mặn'은 사람의 성격이나 어떤 내용의 성질에 대해 '재미있다'라는 표현으로 사용하기도 합니다. 사람에게 쓰이는 경우, 상대의 '유머 감각 또는 재미있는 말을 잘 한다'라는 의미로 사용합니다.

잠깐만요!

'mặn'은 '(맛이) 짜다'라는 의미로부터 '재미있다, 흥미롭다'는 뜻으로 확장되면서, 이와 반대되는 표현인 'nhạt'도 '(맛이) 싱겁다'는 의미로부터 '재미없다'는 뜻으로 사용하게 되었습니다.

예 Phim này nhạt quá. 이 영화는 너무 재미없어요.
　 Anh ấy nói chuyện siêu nhạt. 그는 말을 아주 재미없게 해요.

생활 속 다양한 단어 활용

짜다

Món này hơi mặn. 이 음식은 약간 짜요.

Phở không mặn, không ngọt, rất ngon.

쌀국수는 짜지도 않고, 달지도 않고, 아주 맛있어요.

Người miền Trung ăn mặn hơn các miền khác.

중부 지방 사람들은 다른 지방보다 더 짜게 먹어요.

재미있다 ①

Chương trình này mặn ghê.

이 프로그램은 참 재미있네.

Em thích con trai mặn một chút.

저는 조금 재미있는(유머 감각이 있는) 남자를 좋아해요.

Chị ấy trông điềm đạm nhưng mặn lắm.

그 언니는 얌전해 보이지만, 아주 재미있어요.

sống ảo

🎧 MP3 138

'sống ảo'는 최근 SNS 활동이 활발해지면서 생긴 비속어로, 경우에 따라서 동사로 쓰이기도 하고 형용사로 쓰이기도 합니다.

기본 의미

sống ảo
비현실적으로 살다

SNS는 비현실적으로 사는 곳이다.

네이티브 **Mạng xã hội là nơi sống ảo.**

'sống ảo'는 'sống(살다)'와 'ảo(비현실적/가상적)'가 결합하여 만들어진 비속어 입니다. 이 표현은 '비현실적으로 살다'라는 의미로 능력이 있는 것처럼 거짓 또는 과대포장되어 남들에게 보여주거나 SNS에서 실제와 다른 것을 올려 남들에게 보여주는 행위를 비난하는 표현입니다.

다양한 의미

sống ảo ①
(말장난)
비현실적

비현실적 사진을 찍어서 페이스북에 올리자.

네이티브 **Chụp hình sống ảo đăng lên Facebook đi.**

'sống ảo'는 안 좋은 의미로 인터넷상에서 '비현실적, 허구적인 내용'에 대한 비난의 표현이지만, 부정적인 의미가 아닌 친구들 사이에서 장난하는 의미로 사용하는 경우도 있습니다. 예를 들어, 오랜만에 화장을 예쁘게 하고 사진을 찍어서 SNS에 남들에게 자랑하고 싶다는 의미로 올릴 경우에 **sống ảo**를 사용할 수 있습니다. 이 표현은 일관된 해석으로 풀이하기 어려우므로 '허구적/비현실적'이라는 의미만으로 이해해야 합니다.

생활 속 다양한 단어 활용

· 단어 활용 ·

비현실적으로 살다

Suốt ngày sống ảo! 맨날 비현실적으로 산다!

Em không thích sống ảo. 저는 비현실적으로 사는 것을 안 좋아해요.

Dạo này có nhiều người sống ảo thật.

요즘 비현실적으로 사는 사람들이 참 많네.

Giới trẻ sống ảo – Vấn đề của xã hội

젊은 세대의 비현실적인 삶 – 사회의 문제　　　[기사 제목 등에 사용]

· 다양한 의미 ·

(말장난) 비현실적 ①

Lâu lâu em sống ảo một chút. 오래간만에 저는 조금 비현실적이에요.

Đến quán cà phê để sống ảo à?

카페에 와서 사진만 찍냐?

→ 친한 사람끼리, 카페에 와서 SNS에 올릴 허구적인 사진만을 찍는 상대방에게 비꼬는 말투로 사용함.

Mấy đứa! Chụp hình sống ảo nào.

얘들아! 비현실적인 사진 찍자.

→ 친한 사람끼리, SNS에 올릴 허구적/비현실적인 사진을 찍을 때 사용함.

Hôm nay chị mặc đồ đẹp và trang điểm để sống ảo.

오늘은 언니가 비현실적으로 예쁜 옷을 입고 화장했어.

→ SNS 또는 단순히 보여주기 위한 목적으로 과장되게 치장한 경우, 장난 섞인 말투로 사용함.

thánh

'thánh'은 성스러운 존재를 지칭하는 의미로 사용했으나, 최근 뛰어난 능력을 갖추거나 어떤 일을 지나치게 잘하는 사람에게도 이 표현을 사용하고 있습니다.

기본 의미

thánh
성(聖),
성인(聖人)

알라는 이슬람 종교에서의 성인(聖人)이다.

네이티브 **Allah là thánh trong đạo Hồi.**

'thánh'은 종교에서 사용하는 성스럽다는 의미의 '성(聖)'으로 간주하는 존재를 지칭하는 표현입니다. thánh은 비현실적인 존재 또는 뛰어난 능력을 갖춘 인물로서 실제로 존재했고 사회에 많은 공덕을 보여준 사람을 지칭하는 표현입니다.

다양한 의미

thánh ①
신(神)

그녀는 '먹기의 신(먹방의 신)'이라고 불린다.

네이티브 **Cô ấy được gọi là 'thánh ăn'.**

'thánh'은 인간보다 뛰어난 능력을 갖춘 존재를 지칭하는 말로 비속어에 해당합니다. 그러나 비속어로 쓰이는 경우에도 일반 사람보다 뛰어난 능력을 갖춘 사람을 지칭할 때 사용합니다. 이때, 무엇이 뛰어난지 thánh 뒤에 '뛰어난 행동'을 넣어서 표현합니다. 비속어의 성격을 가지고 있으므로 뛰어나다는 뜻이 있다고 해서 칭찬의 의미로 사용하는 것이 아니라는 점에 주의해야 합니다. 예문과 같이, 'thánh ăn'은 '먹는 것을 일반 사람들보다 잘하는 사람'을 의미합니다.

잠깐만요!

'thần(신(神))'과 'thánh(성인(聖人))'의 합성어로 'thần thánh(신성한, 신과 성인)'이라는 표현이 있습니다. 여기서 비속어로 사용하는 'thánh'은 '성인(聖人)'이란 뜻이지만, '신(神)'으로 해석하는 것이 더 자연스럽습니다.

생활 속 다양한 단어 활용

성(聖), 성인(聖人)

Khổng Tử là thánh **hiền.** 공자는 성현(聖賢)이다.

Em không tin thần thánh. 저는 신과 성인(聖人)을 믿지 않아요.

Sau khi chết, ông ấy đã trở thành thánh.

죽은 후에, 그 할아버지가 성인(聖人)이 되었어요.

'Thánh **Gióng' là một nhân vật trong truyện cổ tích Việt Nam.**

'타잉 종'은 베트남 고전의 한 인물이다.

> **Tip**
> 1. 'thánh hiền'은 '성인(聖人)'과 '현인(賢人)'이 결합하여 '성현(聖賢)'을 의미합니다.
> 2. 'Thánh Gióng'은 베트남 설화의 등장인물이며, 하늘에서 내려와 외적의 침략을 물리치고 다시 하늘로 올라갔다는 내용으로 신격화되어 이름에도 '성(聖)'의 의미가 담겨있습니다.

신(神) ①

Ông nội em là thánh **cờ tướng.**

제 할아버지는 장기의 신이에요.

Em ấy là thánh **ngủ. Em ấy có thể ngủ cả ngày.**

그 동생은 잠자는 신(잠꾸러기)이에요. 그 동생은 하루 종일 잘 수 있어요.

Chị là thánh **ăn vặt. Chị thích ăn bánh kẹo lắm.**

언니는 간식의 신이야. 언니는 과자 먹는 것을 아주 좋아해.